菰田欣也の

中華料理名人

になれる本

柴田書店

はじめに

　僕は、食べることが大好きです。特に中華料理は、仕事が終わってからも食べたいといつも思います。家庭で中華料理は、火が弱いからむり。と、よく耳にします。エーッ？と僕はいつも思います。お店で見る火が家庭にないのは当然です。でも考え方を変えることで、おいしい中華料理は作れるんです。

　たとえば似顔絵を考えてみましょう。細かくたくさんの線を使って似せて描いたものを、レストランの料理とします。これに対してご家庭の料理は、ペン1本の線で描く似顔絵ですね。1本線の似顔絵で、本人だとわかるようにするためには、いかに特徴を捉えてわかりやすく表現するか、そこに意識を集中します。ご家庭の料理も同じです。おいしく作るには何が大切か、調理の要所を抑えることが重要です。野菜炒めを例にとると、最初に、野菜を「お湯でゆでる」ことがコツです。そうすることで、炒めたときに火を通しすぎる失敗がなくなります。

　そんな、プロだからわかる調理のポイントをみなさんにお伝えしたくて、この本を作りました。

　もっと中華料理を作るのが楽しくなるような、食べた方に「おいしいね」、「また食べたい」といってもらえるような、そんな料理をこの本から見つけて、レパートリーに加えていただければうれしいです。

　　　　　　　　　　　　　　　　　　　　　　　　　　　　　菰田欣也

目次

家庭でおいしい中華料理を作るコツ … 6
この本で使用した、おすすめ調味料 … 7
その他の調味料 ……………………… 8

中華調味料を使い切る
（豆板醤・甜麺醤・オイスターソース）

いかの豆板醤炒め ………………………… 10
鶏肉とセロリの香り豆板醤炒め ………… 11
マーボー春雨 ……………………………… 12
ピリ辛豚汁 ………………………………… 13
カリカリチキンの北京ダック風 ………… 14
なすと豚肉の甘辛炒め …………………… 16
しめじといんげんの炒め物 ……………… 18
ジャージャー麺 …………………………… 19
牛肉のあんかけ焼きそば ………………… 20
牡蠣のオイスターソース炒め …………… 21
鶏肉と揚げ豆腐の
オイスターソース煮込み ………………… 22
ゆで野菜のオイスターソースがけ ……… 24

◎本書中の大さじ1＝15cc、小さじ1＝5cc（いずれもすり切り）です。
◎水溶き片栗粉は、片栗粉1：水2で合わせたものを使用しています。
◎鶏ガラスープは、市販のものを使用してもけっこうです。自分でとる場合はp.88を参考にしてください。
◎料理名、材料などのカタカナ表記は、日本でよく目にするものをのせています。必ずしも中国語の発音を正確に表すものではありません。

撮影　海老原俊之
デザイン　野本奈保子（ノモグラム）
編集　長澤麻美

中華料理名人になる
その一
（炒め物・チャーハン・麺）

炒め物

青椒肉絲（チンジャオロースー） ………… 27
回鍋肉（ホイコーロー） …………………… 28
かに玉 ……………………………………… 30
マーボー豆腐 ……………………………… 33
えびのチリソース ………………………… 34
やわらかジューシー酢豚 ………………… 36
レバニラ炒め ……………………………… 38
チンゲン菜の炒め物 ……………………… 40
ゴーヤーチャンプルー炒め ……………… 41
鶏肉とカシューナッツのピリ辛炒め …… 42
帆立のクリーム炒め ……………………… 43
　◎自家製ラー油の作り方 ………………… 44

チャーハン

ゆで豚チャーシューチャーハン ………… 47
　◎簡単ゆで豚チャーシュー ……………… 48
かにのあんかけチャーハン ……………… 49
海鮮入りリゾットチャーハン …………… 49
ピリ辛チャーハン ………………………… 49
牛ステーキチャーハン …………………… 49

麺

とってもさっぱり鶏そば ………………… 52
サンラータン麺 …………………………… 52
激辛!!煮込みそば ………………………… 53
具だくさん炒め焼きそば ………………… 56
冷やし中華 ………………………………… 56
野菜たっぷり春雨ラーメン ……………… 57
ごまだれ棒棒鶏麺（バンバンジー） ……… 60
豆乳入り坦々麺（タンタン） ……………… 61
　◎豚挽き肉の甘味噌炒め（炸醤） ……… 64

中華料理名人になる
その二
(揚げ物・蒸し物・スープ)

揚げ物

鶏のから揚げ ………………………… 67
揚げ肉団子 …………………………… 68
魚のから揚げ ………………………… 70
えびのサクサクフリッター …………… 71

蒸し物

鯛の白菜包み蒸し …………………… 72
豚肉とじゃがいも、
　かぼちゃの重ね蒸し ……………… 73
茶碗蒸し ……………………………… 76
帆立貝と春雨の蒸し物 ……………… 76

スープ

フワフワかき玉スープ ………………… 77
豚肉と根菜のスープ ………………… 80
チンゲン菜と豚肉のスタミナスープ … 81
サンラータン …………………………… 84
鶏肉のフワフワおぼろスープ ………… 85
　　◎鶏ガラスープ (中華スープ)
　　　のとり方 ……………………… 88

中華料理名人になる
その三
(点心・酒の肴・デザート)

点心

焼き餃子 ……………………………… 91
豚肉シュウマイ ………………………… 93
ピリ辛ゆでワンタン …………………… 95
えびシュウマイ ………………………… 96
ゆでワンタン ………………………… 97
春巻き ………………………………… 98
かぼちゃ入り揚げトースト …………… 101

酒の肴

春雨と野菜のからし和え …………… 102
ゆで豚おつまみチャーシュー ……… 103
紅白なますとクラゲの和え物 ……… 104
たことセロリのねぎソース和え ……… 104
ぶりの紹興酒漬け …………………… 105
いかの湯引き 旨醤油がけ ………… 105
ゆで鶏のねぎ柚子こしょうソース … 108
鶏手羽先のはちみつオーブン焼き … 108
鶏レバーの甘辛煮 …………………… 109
砂肝とレバーのピリ辛おろし和え …… 109
鶏もも肉の香味煮のせご飯 ………… 112
子持ちししゃもの油淋ソース漬け …… 113
ピータン豆腐 ………………………… 113
ザーサイときゅうりの和え物 ………… 113
牛しゃぶしゃぶ肉のガーリックソース … 113

デザート

なめらか杏仁豆腐 …………………… 116
甘さ控えめ粒々小豆ようかん ……… 116
もちもちクリーム大福 ………………… 117
ひんやりバナナ豆腐 ………………… 117

家庭でおいしい中華料理を作るコツ

　中華料理といっても、特別に構える必要はありません。お店の厨房で、炎を上げながら中華鍋をふる映像が印象的なせいか、大変そうなイメージがありますが、そんなことはありません。いつもお使いのご家庭のコンロで充分おいしい中華料理は作れるんです。道具だって、普通のフライパンやお鍋で大丈夫。実際この本の料理はすべて、テフロン加工のフライパンや雪平鍋など、どこのご家庭にもある道具で作っています。どうぞ、気軽に作ってみてください。

　難しくはありませんが、おいしく作るコツはいくつかありますから、頭に入れておくといいでしょう。それだけで、料理のレベルは格段に上がります。ここでは全体に共通する基本的なことを挙げておきます。料理別のコツは、それぞれの料理のページに記しましたので、参考にしてください。

1）素材の湯通し

　中華料理では、炒め物などを作る際に、素材を油に短時間通す「油通し」という作業があります。素材の旨みや水分、栄養を閉じ込めたり、火の通り具合を均一にしたり、色を鮮やかにしたりといった効果があります。お店の厨房には、常に大量の油がありますから簡単ですが、ご家庭では少し大変です。本書では、この油通しはどうしても必要な料理だけにかぎり（その場合も油の量は、素材が半分浸かるほど）、その他は「湯通し」にしています。湯にさっと通すことで、油通しと同じような効果が得られます。ただし、長くゆですぎないように注意しましょう。

2）調味料を合わせておく

　中華料理は複数の調味料を同時に加えることが多くあります。その都度計量したり、ひとつひとつ入れていては、素材に火が入りすぎてしまうことも。同時に加える調味料は、事前に合わせておきましょう。

3）素材の切り方

　素材の切り方は大事です。大きさや形を揃えることで、火の通り方も均一になり、盛りつけたときもきれいです。料理によっては厚みのあるモンゴウイカや野菜の表面に、細かく切り目を入れておきますが、これは味を絡みやすくしたり、やわらかく食べやすくしたりするためです。

4）片栗粉

　中華料理では片栗粉が活躍します。たとえば炒めたり揚げたりする前に、肉や魚介に薄くまぶしつけてコーティングするのは、水分や旨みを閉じ込めて、素材が固くなるのを防ぐため。また、スープや煮物、あんにとろみをつける場合は、水溶き片栗粉を使います。片栗粉と水を1：2の割合で混ぜ合わせたものです。水溶き片栗粉を加えるときは、いったん火を止めてから加えて混ぜ合わせ、再び火にかけて沸かします。加えてから沸かさないととろみはつきません。

5）香味野菜

　中華料理では、長ネギ、生姜、ニンニク、この3つの香味野菜を多用します。素材の臭みを消したり、料理に香りと旨みを加えたりと、重要な役割をはたします。薄切り、みじん切り、あるいは塊のままと、料理によって形状を使い分けます。

この本で使用した、おすすめ調味料

　この本では、できるだけ調味料の種類を絞り、手に入りやすいものを使用しています。
特によく使う中華調味料は、「豆板醤」「甜麺醤」「オイスターソース」の3つです。
醤油や砂糖、塩などの基本調味料は、日本料理にも使用する一般的なものを使用しています。

豆板醤 （トウバンジャン）

唐辛子と空豆を発酵させて作った唐辛子味噌で、辛みと特有のコクがあります。おなじみのマーボー豆腐をはじめ、多くの中華料理に使われます。使い方のコツは、最初に炒めて香りと辛みを立たせることです。
◀ 四川豆板醤（ユウキ食品株式会社）

甜麺醤 （テンメンジャン）

小麦粉と塩を混ぜて、特殊な麹を加えて醸造された黒や赤褐色の味噌です。生のまま料理に添えて食べる他、炒め物や煮物などにも使用し、甘みとコクを加えます。
◀ 甜麺醤（ユウキ食品株式会社）

オイスターソース

牡蠣を主原料とした調味料で、強い旨みとコクがあります。炒め物や煮物などによく使われます。
◀ オイスターソース（富士食品工業株式会社）

醤油

加熱処理をしていない、丸大豆醤油を使用しています。上品な甘みとまろやかさがあります。
◀ いつでも新鮮　しぼりたて丸大豆生しょうゆ（キッコーマン株式会社）

ゴマ油

通常ゴマの種子を焙煎してから圧搾してとる油で、独特の香ばしい香味が特徴です。中華料理では主に、香りづけとして調理の最後に加えます。
◀ 金印純正ごま油（かどや製油株式会社）

その他の調味料

ラー油
唐辛子などの辛み成分を、植物油の中で熱して抽出させた油。辛みづけに使われます。この本では、ご家庭で作れる自家製ラー油の作り方もご紹介しています（p.44 参照）。

豆豉 （トウチ）
黒豆に塩を加えて発酵させ、水分を減らして作ります。塩分も風味も強く、料理の味に深みを加えます。刻んで使うと味が全体になじみます。

紹興酒
中国の醸造酒。褐色で、豊かな風味があり、香りがよいのが特徴。飲用にも、調味料としても使われます。この本では、特に必要なもの以外は、日本酒で代用可能としています。

黒酢
醸造酢の一種。中国の黒酢はもち米を主原料とし、長時間熟成させて作ります。色が黒く、風味が濃厚で香りがよく、普通の酢のような刺激味が少ないのが特徴です。

中国山椒
中国では「花椒」（ホワジャオ）と呼ばれます。しびれるような刺激的な風味が特徴で、四川料理では特によく使われます。日本の山椒より刺激、風味とも強めです。

乾燥唐辛子
この本ではおなじみのタカノツメの他、四川省産の「朝天辛椒」という丸い乾燥唐辛子を使っています。すっきりとした辛みが特徴です。手に入らなければタカノツメで代用できますが、その場合、本数は少し減らしてください。

芝麻醤 （ジーマージャン。ゴマペースト）
ゴマを煎ってすりつぶし、植物油や調味料を加えて伸ばした練りゴマです。棒棒鶏や坦々麺のたれの材料としてもおなじみです。

中華調味料を使い切る

豆板醤

甜麺醤

オイスターソース

買ったはいいけれど、使い切れずにずっと冷蔵庫の奥深く眠っている中華調味料はありませんか？　それは多分、「豆板醤」「甜麺醤」「オイスターソース」のどれかでは？　まずはこの、余りがちな３つの中華調味料を使い切る、お助け料理をご紹介します。

豆板醤

いかの豆板醤炒め

いかに細かい切り目を入れることにより、
火を入れたときの身の縮みを防ぐことができ、味も絡みやすく、
また、見た目もきれいに仕上がります。

材料 （2人分）

モンゴウイカ（むき身）… 100g
キュウリ … 1/3本
シイタケ … 2枚
A ┌ 塩、コショウ … 各少量
　│ 酒（紹興酒または日本酒）
　│ 　… 小さじ1/2
　└ 片栗粉 … 大さじ1/2
B ┌ 上白糖 … 小さじ1
　│ 酒 … 小さじ1
　│ 酢 … 小さじ1½
　│ 醤油 … 小さじ1½
　│ 鶏ガラスープ … 大さじ1/2
　└ 片栗粉 … 小さじ1/3
C ┌ サラダ油 … 小さじ1/3
　└ 豆板醤 … 小さじ1/3

ポイント
イカの切り目の間隔は、3mmくらいがきれいに見える。

作り方

1. モンゴウイカは薄皮をむき、表面に、切り落とさないぎりぎりの深さの切り目を斜め格子状に細かく入れる（花切り。ab）。裏返し、やさしく包丁を入れて一口大の三角形に切る。

2. キュウリは皮をむき、縦半分に切って種を取り、表面に斜めの細かい切り目を入れた後、4cm幅に切る。シイタケは石づきを除いて半分に切り、表面に細かい切り目を入れる。

3. 1のイカにAの塩、コショウ、酒を加えて和え、更に片栗粉を加えて和える（c）。

4. ボウルにBを合わせておく。

5. フライパンに湯を沸かして3のイカを入れてゆで、手早く2のキュウリとシイタケを加え（d）、ザルにあけて水気を切る。

6. 5のフライパンの水気を取り、Cを入れ、弱火にかけて炒める。香りが出てきたら4を入れて混ぜ、とろみがついてきたら5を入れ、全体にたれが絡んだらでき上がり。

a

b

c

d

豆板醤

鶏肉とセロリの香り豆板醤炒め

さっぱりとした鶏胸肉に、豆板醤の辛みをきかせた炒め物です。
パサつきがちな胸肉を、しっとりと仕上げるのがポイントです。

材料（2人分）

鶏胸肉 … 90g
セロリ … 1本
ピーマン … 1/2個
A｜塩、コショウ … 各少量
　｜酒（紹興酒または日本酒）… 大さじ1
　｜片栗粉 … 小さじ2
B｜おろしニンニク … 小さじ1/4
　｜おろし生姜 … 小さじ1/3
　｜上白糖 … 小さじ1
　｜酒 … 大さじ1/2
　｜醤油 … 小さじ1
　｜酢 … 大さじ1/2
　｜鶏ガラスープ … 小さじ2
　｜片栗粉 … 小さじ1/3
C｜サラダ油 … 小さじ1/3
　｜長ネギ（みじん切り。p.63参照）
　｜　… 大さじ1
　｜豆板醤 … 小さじ1/3

作り方

1. 鶏胸肉は皮を取り除き、繊維を断ち切るように、食べやすい大きさにそぎ切りにする。セロリは皮をむき、1cm角に切る。ピーマンは種を除き、1cm角に切る。
2. 1の鶏肉にAの塩、コショウ、酒を加えてやさしくもみ、更に片栗粉を加えて和える（a）。
3. ボウルにBを合わせておく。
4. フライパンに湯を沸かし、2の鶏肉を1枚ずつ入れる。火が通りはじめたら1のセロリとピーマンも加えて火を通し（b）、ザルにあけて水気を切る。
5. 4のフライパンの水気を取り、Cを入れて炒める。香りが出てきたら3を加え（c）、とろみがついてきたら4を入れて絡める（d）。

ポイント
鶏肉は事前に水分（ここでは酒）を加えておくと、ジューシーに仕上がる。

豆板醤

マーボー春雨

味の染み込んだ春雨がおいしい。
白いご飯によく合います。作り置きした
「豚挽き肉の甘味噌炒め（炸醤）」があれば、
調理時間が短縮できます。

材料（2人分）

春雨 … 35g（乾燥）
ニンジン … 1/4 本
エノキタケ … 1/2 パック（40g）
豚挽き肉の甘味噌炒め（炸醤。p.64 参照）
　… 大さじ 3
A ┌ サラダ油 … 小さじ 1/3
　├ 豆板醤 … 小さじ 2/3
　└ 鶏ガラスープ … 200cc
B ┌ 酒（紹興酒または日本酒）
　│　… 大さじ 1/2
　├ 醤油 … 小さじ 1/2
　└ オイスターソース … 小さじ 1/2

作り方

1. 春雨は水に浸けて戻し、5cm 長さに切る。ニンジンは皮をむき、4cm 長さの細切りにする。エノキは石づきを切り落としてほぐし、半分の長さに切る。

2. フライパンにAのサラダ油と豆板醤を入れて弱火で炒め（a）、香りが出てきたら鶏ガラスープを加える（b）。1の材料を入れて（cd）、更に豚挽き肉の甘味噌炒めを入れ（e）、Bを加えて煮込む。野菜に火が通り、春雨が煮汁を含んでやわらかくなったらでき上がり（f）。

豆板醤

ピリ辛豚汁

豚汁に、豆板醤でピリ辛味をプラス。

材料（2人分）

豚バラ肉（スライス）… 100g
ニンジン … 1/4本（50g）
大根 … 2cm厚さの輪切り（100g）
ジャガイモ … 1/3個（50g）
長ネギ（細め）… 1本
生姜 … 1カケ
A｜豆板醤 … 小さじ1
　｜鶏ガラスープ … 500cc
　｜みりん … 大さじ1
　｜味噌 … 大さじ1
　｜醤油 … 小さじ1/2

作り方

1. 豚バラ肉は2cm幅に切る。ニンジン、大根、ジャガイモは皮をむいて2cm角に切る。長ネギは斜め薄切りに、生姜は皮をむいて薄切りにする。
2. フライパンに1の豚肉を入れ、中火で炒める(a)。火が通りはじめたらニンジン、大根、ジャガイモを入れて炒める(b)。
3. 野菜の表面が少し炒まったら長ネギ、生姜、Aの豆板醤を加え(c)、弱火でじっくりと炒めた後、鶏ガラスープを入れて5〜10分ほど煮る。
4. 野菜に火が通ったら、みりん、味噌、醤油を加えて味を調える(d)。

ポイント
野菜は火を通しすぎて歯応えがなくならないように、角切りにする。

甜麺醤

カリカリチキンの北京ダック風

カリカリに焼いた鶏皮がおいしい。甜麺醤とマーマレードを
混ぜ合わせたたれがよく合います。サンチュで巻いて食べてください。

材料（2人分）

鶏モモ肉（皮つき）… 1/2枚（120g）
長ネギ（細め）… 1本
サンチュ … 2枚
サンドイッチ用パン … 2枚
塩、コショウ … 各少量
片栗粉 … 適量
サラダ油 … 小さじ1
A ┌ 甜麺醤 … 大さじ1
　└ マーマレード … 大さじ1

作り方

1. 鶏モモ肉は筋切りをして、均一の厚さになるように、厚い部分の肉を切り開く。両面に塩、コショウをしてなじませ (a)、片栗粉をまぶしつけ、余分な粉は落とす (b)。
2. 長ネギは縦に1本中心まで包丁目を入れた後、斜め薄切りにし、水にさらして辛みを抜く。サンチュは水洗いして水気を切っておく。
3. Aをボウルに合わせておく。
4. サンドイッチ用のパンを3cm×5cmほどに切り、フライパンで、両面がキツネ色になるように煎り焼いて取り出す (c)。
5. 4のフライパンにサラダ油を入れ、1の鶏肉を皮目を下にして入れて中火で焼く（鉄板やバットなどで重しをすると全体がきれいに、香ばしく焼ける。de）。じっくり4～5分焼いたら裏返し (f)、同様にして3～4分焼く。一口大に切る。
6. サンチュ、4のパン、水気を切った長ネギ、5の鶏肉を重ねて盛りつけ、3のたれをかける。

ポイント
鶏肉は、重しをして表面をカリッと焼き上げる。

甜麺醤

なすと豚肉の甘辛炒め

なすはそのまま炒めると油をどんどん吸ってしまいますが、炒める前に水気を絞っておくと、アクが抜けると同時に油の吸いも抑えることができ、油っぽくなりません。

材料（2人分）
長ナス … 1本（120g）
豚肩ロース肉 … 80g
長ネギ（太め）… 1/2本
生姜 … 5g
A ┌ 酒（紹興酒または日本酒）… 大さじ1
  └ 塩 … 1つまみ
B ┌ 上白糖 … 小さじ1
  │ 酒 … 小さじ2
  │ 醤油 … 小さじ1
  │ 鶏ガラスープ … 小さじ1
  └ 片栗粉 … 小さじ1/4
C ┌ 塩、コショウ … 各少量
  └ 片栗粉 … 適量
D ┌ サラダ油 … 小さじ1/3
  └ 甜麺醤 … 小さじ2

作り方

1．ナスは食感を残すように、縦に3ヵ所だけ皮をむき、縦半分に切り、1cm幅の斜め切りにする。豚肉は繊維を断つように薄切りにする。長ネギは斜め薄切りに、生姜は皮をむいて薄切りにする。

2．1のナスをボウルに入れ、Aを加えてよくもみ込んで、アク汁を出す（a）。水気をギュッと絞っておく（b）。

3．別のボウルにBを合わせておく。

4．1の豚肉にCの塩、コショウをふり、片栗粉をつける（c）。

5．フライパンに少量のサラダ油（分量外）を敷き、4の豚肉を入れて両面に焼き目をつけるように焼いて（d）、一度取り出す。

6．5のフライパンにDのサラダ油を敷き、1の長ネギと生姜を入れて炒める。香りが出てきたら甜麺醤を入れ、2のナスと5の豚肉を入れる。全体に甜麺醤が絡んだら、3を加える（e）。たれがなじんだらでき上がり。

甜麺醤

しめじといんげんの炒め物

素材の食感も、おいしさの大切な要素。
いんげんはゆですぎず、歯応えを残すようにしましょう。

材料 （2人分）

インゲン … 120g
シメジタケ … 60g
桜エビ … 10g
長ネギ（みじん切り。p.63参照） … 1/4本分
生姜 … 5g
サラダ油 … 小さじ1/3
甜麺醤 … 小さじ1
A ┃ 酒（紹興酒または日本酒） … 小さじ1
　┃ 上白糖 … 小さじ1/2
　┃ 醤油 … 小さじ1
　┃ ゴマ油 … 小さじ1/3

作り方

1. インゲンは両端の固い部分を切り落とし、4cm長さに切る。シメジは石づきを切り落とし、ばらばらにする。生姜は皮をむいてみじん切りにする。

2. フライパンに湯を沸かし、**1**のインゲン、シメジの順に入れてゆでる。8割程度火が通ったらザルにあけて水気を切る（a）。

3. **2**のフライパンにサラダ油を敷き、桜エビ、長ネギ、生姜を入れて、中火でゆっくり炒める（b）。香りが出てきたら甜麺醤を入れ、**2**のインゲンとシメジを戻し入れて軽く混ぜる（c）。

4. 全体に甜麺醤が絡んだら、**A**で味つける（d）。

甜麺醤

ジャージャー麺

味の濃い肉味噌を絡めて食べる麺です。
豚挽き肉の甘味噌炒め（炸醤）が便利です。本来は筍を使いますが、
ここでは身近なじゃがいもを使用しています。

材料 （2人分）

中華麺 … 2玉
豚挽き肉の甘味噌炒め（炸醤。p.64参照）
… 160g
ジャガイモ … 1/2個（80g）
干しシイタケ … 2枚（水で戻して60g）
キュウリ … 1/2本
長ネギ … 1/2本
A ┌ おろしニンニク … 小さじ1
　└ 甜麺醤 … 大さじ3
B ┌ 鶏ガラスープ … 240cc
　│ 酒（紹興酒または日本酒）… 小さじ2
　│ 上白糖 … 小さじ2
　└ 醤油 … 小さじ2
C ┌ 水溶き片栗粉 … 大さじ2½
　└ ゴマ油 … 小さじ1/2
D ┌ 鶏ガラスープ … 小さじ2
　│ 醤油 … 小さじ1/2
　└ ゴマ油 … 小さじ1/2

作り方

1. ジャガイモは皮をむき、干しシイタケは水に浸けて戻し、どちらも5mm角に切る。
2. キュウリは皮をむき、5cm長さの細切りにする。長ネギも同様の細切りにする。
3. フライパンに少量のサラダ油（分量外）を敷いて1のジャガイモを入れて炒め、豚挽き肉の甘味噌炒めを加えて更に炒める（a）。
4. 3にAと1のシイタケを入れ、弱火でじっくりと炒めて香りを出す（b）。
5. 4にBを入れ（c）、沸いたらいったん火を止め、Cの水溶き片栗粉を加えて混ぜ（d）、再び火にかける。沸いてとろみがついたらゴマ油を加えて香りを出す。
6. ボウルにDを合わせておく。
7. 中華麺をたっぷりの湯でゆでて、水気を切り、6に入れて和える。
8. 7の麺を器に盛り、5をかけ、2のキュウリと長ネギを添える。

オイスターソース

牛肉のあんかけ焼きそば

牛肉を使った、ご馳走焼きそばです。麺をよく焼いておくと、
あんが絡みやすくなります。麺を焼くときは無理にほぐそうとせず、
表裏をそのまま煎り焼くようにします。

材料 （2人分）

焼きそば用麺 … 2玉
牛モモ肉 … 160g
キャベツ … 4枚
白菜 … 2枚
ピーマン … 1/2個
シメジタケ … 60g
長ネギ（細め。斜め薄切り） … 1本分
生姜（皮をむいて薄切り） … 10g
A ┌ 塩、コショウ … 各少量
  │ 酒（紹興酒または日本酒） … 小さじ2
  └ 片栗粉 … 小さじ2
B ┌ 酒 … 小さじ1
  └ 醤油 … 小さじ2/3
C ┌ 鶏ガラスープ … 500cc
  │ 上白糖 … 小さじ1
  │ 酒 … 大さじ2
  │ 醤油 … 大さじ1 1/3
  │ オイスターソース … 大さじ2
  └ コショウ … 少量
水溶き片栗粉 … 大さじ4
ゴマ油 … 小さじ1/2

作り方

1. 牛肉は、1切れ10gほどにスライスし、Aの塩、コショウ、酒を加えてもみ、更に片栗粉も加えてよくもむ。

2. キャベツ、白菜、ピーマンはそれぞれ食べやすい大きさに切る。シメジは石づきを切り落としてばらばらにする。

3. 焼きそばの麺に、Bを全体になじむようにまぶしつける。

4. フライパンに少量のサラダ油（分量外）を敷いて3の麺を入れ、ほぐさずに、両面がキツネ色になるまで煎り焼く。ほぐれやすくなってきたら軽くほぐし、ペーパータオルの上などに取り出して油を切り、器に盛る。

5. 4の空いたフライパンに1の牛肉を重ならないように入れ、均一に火が通るように表面を焼き、取り出しておく。

6. 5のフライパンに長ネギと生姜を入れて炒め、香りが出たらキャベツ、白菜、シメジ、ピーマンを入れて炒め、Cを加えて1～2分程度煮た後、5の牛肉を戻し入れる。いったん火を止め、水溶き片栗粉を加えてよく混ぜ、再び火にかける。沸いてとろみがついたら仕上げにゴマ油で香りをつけ、4の麺にかける。

オイスターソース

牡蠣のオイスターソース炒め

牡蠣を一度ゆでてふっくらさせるのがポイント。
ただし、長くゆですぎると旨みが抜けてしまうので注意しましょう。
冷凍を使う場合も、ゆでて戻すくらいに。

材料（2人分）

牡蠣 … 8粒
マイタケ … 50g
ピーマン … 1/3個
長ネギ（細め）… 1/2本
生姜 … 5g
A ┌ 上白糖 … 小さじ1
　├ 酒（紹興酒または日本酒）… 大さじ1
　├ 醤油 … 小さじ1
　├ オイスターソース … 小さじ1
　├ コショウ … 少量
　├ 鶏ガラスープ … 大さじ1½
　└ 片栗粉 … 小さじ1/3
揚げ油（サラダ油）… 適量

作り方

1. 牡蠣は殻から身をはずし、片栗粉（分量外）をまぶしてやさしく流水で洗い、汚れを取る。マイタケは石づきを切り落とし、一口大にほぐす。ピーマンは一口大の乱切りに、長ネギは斜め薄切りに、生姜は皮をむいて小さめの薄切りにする。
2. ボウルにAを合わせておく。
3. フライパンに湯を沸かし、1の牡蠣を入れて手早くゆで(a)、湯を切って熱いうちにペーパータオルに軽く挟み、水気を取る(b)。片栗粉（分量外）をていねいにまぶしつける(c)。揚げる前に霧吹きなどで水をかけておく。
4. フライパンにサラダ油を入れて170℃に熱し、3の牡蠣を入れて表面がカリッとするまで揚げて(d)、網で取り出す。
5. 4の牡蠣を取り出した後の油で、マイタケとピーマンもさっと素揚げし、油を切る。
6. 5のフライパンの油を切り、長ネギと生姜を入れて弱火で炒める。香りが出てきたら4と5の揚げた材料を戻し入れ、2をまわし入れる。全体に味が絡んだらでき上がり。

ポイント
揚げる前に牡蠣に水をかけておくと、油の中で粉が散るのを防げる。

オイスターソース

鶏肉と揚げ豆腐のオイスターソース煮込み

オイスターソースの旨みが染み込んだ、
ご飯にぴったりのおかずです。

材料（2人分）

鶏モモ肉 … 1/2枚（130g）
絹ごし豆腐の厚揚げ … 1枚（170g）
長ネギ（太め）… 1/2本
ニンニク … 1粒
A ┌ 醤油 … 小さじ1/2
　└ コショウ … 少量
B ┌ 上白糖 … 大さじ1/2
　│ 酒（紹興酒または日本酒）… 大さじ1
　│ 醤油 … 小さじ1½
　│ オイスターソース … 小さじ1½
　└ 鶏ガラスープ … 200cc
水溶き片栗粉 … 大さじ1

作り方

1. 鶏肉は筋切りをして、均一の厚さになるように厚い部分の肉を切り開き、3cm角に切り、Aをまぶして下味をつける。
2. 厚揚げは1枚を6～8等分の一口大に切る。長ネギは斜め薄切りに、ニンニクは薄切りにする。
3. フライパンに2の厚揚げを入れ、中火で全体にまんべんなく焼き目をつける。
4. 3に1の鶏肉を皮目を下にして入れ、厚揚げを崩さないように気をつけながら、両面を焼きつける(a)。
5. 鶏肉に半分くらい火が入ったら、長ネギとニンニクを加えて炒め合わせ(b)、Bを加えて(c)5～7分煮込む。
6. 全体に味がなじんだらいったん火を止め、水溶き片栗粉を加えて混ぜ(d)、再び火にかける。沸いてしっかりとろみがついたらでき上がり(e)。

ポイント

鶏肉に醤油で下味をつけることにより、焼いたときに香ばしい香りと色が出る。

オイスターソース

ゆで野菜のオイスターソースがけ

マヨネーズにオイスターソースなどを加えて作るドレッシングが、新鮮なおいしさです。野菜は好みのものを使ってください。

材料 （2人分）

カブ（小さめ）… 1個
カボチャ … 50g
ブロッコリー … 20g
グリーンアスパラガス … 1本
ヤングコーン … 1本
プチトマト（赤）… 2個
A ┌ マヨネーズ … 大さじ1½
  │ オイスターソース … 小さじ1/3
  │ 酢 … 大さじ1
  └ 上白糖 … 小さじ1/3

作り方

1. 野菜はすべて、食べやすい大きさに切る（プチトマトはそのまま）。
2. 湯を沸かし、1の野菜を固めのものから順に（カボチャ、カブ、アスパラガス、ブロッコリー、ヤングコーン、トマトの順）入れてゆでる（a）。
3. Aをボウルに入れて混ぜ合わせ、ドレッシングを作る（b）。
4. 2の野菜を器に盛りつけ、3をかける。

ポイント
好みにもよるが、野菜は8～9割程度火を通すと、食べたときの食感がよい。

中華料理名人になる

その一

炒め物

チャーハン

麺

手早くできて、食卓への登場回数も多い炒め物と、主食のチャーハン・麺からスタートです。どれもご家庭でおいしく作れるレシピですから、毎日の食事作りにおおいに活用してください。

炒め物

家庭でもっとも登場回数が多いのが、炒め物。簡単で、短時間で作れ、種類が多い、まさに家庭向きの料理です。中華料理店では、素材に油通しをすることも多いのですが、ここではどうしても必要な場合を除いて湯通しにし、より作りやすくしています。

青椒肉絲
(チンジャオロースー)

筍のかわりに身近なじゃがいもを使いました。豚肉、じゃがいも、ピーマンは、
それぞれ火の通り方が違うので、別々に炒めるとうまくいきます。
じゃがいもはあまり炒めすぎずに、シャリシャリした食感を残すようにしましょう。

材料（2人分）

豚バラ肉（5mm 厚さのスライス）… 90g
ジャガイモ … 1/2 個（70g）
ピーマン（肉薄め）… 3個（90g）
長ネギ（みじん切り。p.63 参照）… 大さじ2

A ┌ 塩、コショウ … 各少量
　├ 酒（紹興酒または日本酒）… 小さじ1
　└ 片栗粉 … 小さじ1

B ┌ 上白糖 … 小さじ1
　├ 酒 … 大さじ1
　├ 醤油 … 小さじ1
　├ オイスターソース … 小さじ2/3
　├ 鶏ガラスープ … 小さじ2
　├ コショウ … 少量
　└ 片栗粉 … 小さじ1/3

ポイント

・厚めの肉がなかった場合は、幅を5mmくらいに切る。
・肉に片栗粉をまぶしておくと、味がよく絡む。
・ピーマンは横に切ると、食感がよく、また盛りつけたときもきれいに見える。

作り方

1. 厚めの豚バラ肉を、2mm 幅の細切りにする。Aの塩、コショウ、酒をふって混ぜ、片栗粉を加えてよくなじませる (a)。

2. ジャガイモは皮をむき、細切りにする。水にさらしてでんぷん質を少し落としておく。ピーマンは縦半分に切って種を取り除き、横に細切りにする（長さは全体のバランスをみて調節する）。

3. ボウルにBを合わせておく。

4. フライパンに1の豚肉を入れて火にかけ、炒める (b)。火が通ったらザルに取り出しておく (c)。

5. 4のフライパンに2のジャガイモの水気を切って入れ、炒める (d)。表面が透き通ってきたら、4のザルに取り出す (e)。

6. 5のフライパンに2のピーマンを入れて炒め、しんなりしてきたら長ネギを加え、豚肉とジャガイモを戻し入れ (f)、3を加えて炒め合わせる (g)。調味料が全体に絡んだらでき上がり (h)。

回鍋肉
(ホイコーロー)

人気の中華おかず。肉と野菜がバランスよく食べられます。
豚肉に片栗粉をまぶしておくと火を通しても肉が縮みにくく、
また、味も絡みやすくなります。

材料（2人分）

豚バラ肉（スライス）… 100g
キャベツ … 2枚
ピーマン … 1/2個
長ネギ … 1/2本
サラダ油 … 小さじ1/2
片栗粉 … 適量
A ┌ サラダ油 … 小さじ1/3
　│ おろしニンニク … 小さじ1/4
　│ 豆板醤 … 小さじ1/3
　│ 甜麺醤 … 小さじ1
　│ 酒（紹興酒または日本酒）… 大さじ1
　│ 醤油 … 小さじ1/2
　└ コショウ … 少量

作り方

1. 豚肉は4cm幅に切り、片栗粉をまぶす(a)。
2. キャベツ、ピーマンは一口大に切り、長ネギは1cm幅の斜め切りにする。
3. キャベツとピーマンは、食感が残る程度（7〜8割）にゆでて(b)、ザルにあけて水気を切る。
4. フライパンにサラダ油小さじ1/2を敷き、1の豚肉を重ならないように入れ、両面を煎り焼く(c)。表面が固まってきたら、長ネギを加えて更に炒め(d)、すべて取り出しておく(e)。
5. 4のフライパンにAを入れて弱火で炒め、香りが出てきたら4の豚肉とネギを入れて炒め合わせ(fg)、3のキャベツとピーマンも入れて合わせる(h)。全体に味が絡んだらでき上がり。

かに玉

薄いあんをかけてしっとりと仕上げました。
卵は高温で調理するのがポイント。卵液を流し入れたときに、
ジュッと音がするくらいにフライパンを熱しておきましょう。

材料（2人分）

- 卵 … 3個
- 長ネギ … 1/2本
- 生姜 … 5g
- グリーンピース … 20g
- カニのむき身（缶詰でもよい）… 50g
- サラダ油 … 大さじ1/2
- A
  - 酒（紹興酒または日本酒）… 小さじ2
  - 塩 … 2つまみ
  - コショウ … 少量
  - 醤油 … 小さじ1/3
- B
  - 鶏ガラスープ … 120cc
  - 上白糖 … 小さじ1/3
  - 塩 … 2つまみ
  - コショウ … 少量
- 水溶き片栗粉 … 小さじ1

作り方

1. 長ネギはごく薄い斜め切りにし、生姜は皮をむいて細切りにする。カニのむき身は、大きなものは粗くほぐしておく（缶詰ならそのまま）。
2. **1**をフライパンに合わせて火にかけ、香りが出るまでから煎りしておく（a）。
3. 卵をボウルに割り入れてよく溶きほぐし、**A**を加えて混ぜ、**2**とグリーンピースを入れてざっと混ぜる（b）。
4. フライパンにサラダ油大さじ1/2を敷いて火にかけ、温度が上がったところに**3**を入れ、大きく混ぜながら炒める（cd）。器に盛る。
5. **4**のフライパンをペーパータオルできれいにふき取り、**B**を入れて火にかけ、沸いたらいったん火を止めて水溶き片栗粉を加えて混ぜ、再び火にかけてとろみをつけ（e）、**4**の上からかける（f）。

> **ポイント**
> 火を入れすぎない。中は少し生なくらいでよい。

マーボー豆腐

中華のおかずといったらこれですね。
最初に豆腐を軽くゆでておくのがポイントです。
あとは思ったより簡単ですから、ぜひ作ってみてください。

材料（2人分）

木綿豆腐 … 1丁（400g）
豚挽き肉の甘味噌炒め（炸醤。p.64 参照）
… 100g
ワケギ（1cm 幅の斜め切り）… 1本分
長ネギ（みじん切り。p.63 参照）… 1/2 本分

A
- サラダ油 … 大さじ 1/2
- おろしニンニク … 小さじ 1/3
- 豆板醤 … 小さじ 1
- 味噌（赤でも白でもよい）… 小さじ 1
- 豆豉（トウチ）… 小さじ 1/2

B
- 鶏ガラスープ … 250cc
- 酒（紹興酒または日本酒）… 大さじ 1
- コショウ … 少量
- 醤油 … 小さじ 2
- オイスターソース … 小さじ 1

水溶き片栗粉 … 大さじ 2
ラー油（好みで）… 大さじ 2

作り方

1. 豆腐を1.5cm角に切る。
2. 鍋に1の豆腐と、豆腐が浸かるくらいの水を入れ、1つまみの塩（分量外）を加えて火にかけ、沸騰直前まで加熱してゆでた後、火からおろしておく(a)。
3. フライパンにAを入れて火にかけ、弱火で炒める(b)。香りが立ってきたらBを加え(c)、豚挽き肉の甘味噌炒めを入れ(d)、2の豆腐の湯を切って加える(e)。
4. 3の味を調え、ワケギと長ネギを入れて混ぜ(f)、いったん火を止めて水溶き片栗粉を加えて全体をよく混ぜたら(g)、再び火にかけてしっかりとろみをつける。仕上げに好みでラー油を加える(h)。器に盛り、好みで中国山椒の粉（分量外）をふる。

> **ポイント**
> ・豆腐はゆでることで弾力が出て、崩れにくくなる。ただし、ゆですぎてもだめ。
> ・豆豉はそのまま使ってもよいが、刻んでおくと、味に一体感が出る。

えびのチリソース

野菜の彩と食感を加えて作りました。
卵を加えてまろやかに。

材料（2人分）

むきエビ … 8尾（160g）
ブロッコリー … 4切れ（20g）
カリフラワー … 4切れ（30g）
長ネギ（みじん切り。p.63参照）… 1/2本分

A ┃ 塩、コショウ … 各少量
　┃ 酒（紹興酒または日本酒）… 小さじ1
　┃ 片栗粉 … 小さじ2

B ┃ サラダ油 … 小さじ1/3
　┃ おろしニンニク … 小さじ1/4
　┃ おろし生姜 … 小さじ1/3
　┃ ケチャップ … 大さじ1½
　┃ 豆板醤 … 小さじ2/3

C ┃ 鶏ガラスープ … 120cc
　┃ 塩 … 1つまみ
　┃ 上白糖 … 小さじ1/2
　┃ コショウ … 少量
　┃ 酒 … 小さじ2

D ┃ 水溶き片栗粉 … 大さじ1
　┃ 溶き卵 … 1/3個分
　┃ 酢 … 大さじ1/4

作り方

1. エビは少量の塩と片栗粉（分量外）を加えてよくもんで、水洗いして汚れを落とし、ペーパータオルなどで水気をよく取る。ボウルに入れ、Aの塩、コショウを加えてよく混ぜ、酒を加えて混ぜ、最後に片栗粉を加えて混ぜる（a）。

2. フライパンに湯を沸かし、一口大に切ったブロッコリーとカリフラワーを入れる。続けて1のエビも入れて一緒にゆでる（b）。すべてに7割ほど火が入ったらザルにあけて水気を切る。

3. 2のフライパンにBを入れて弱火にかけ、香りを出すように炒める（c）。続けてCと2のゆでた材料を入れる（de）。

4. 3の味を調えていったん火を消し、長ネギとDの水溶き片栗粉を加えて全体を混ぜ（f）、再び火にかけてしっかり沸かしてとろみをつける。溶き卵を2回に分けてまわし入れてやさしく混ぜ（g）、最後に酢を加えてでき上がり（h）。

> **ポイント**
> エビは最初に水で洗い、汚れと臭みを落としておく。

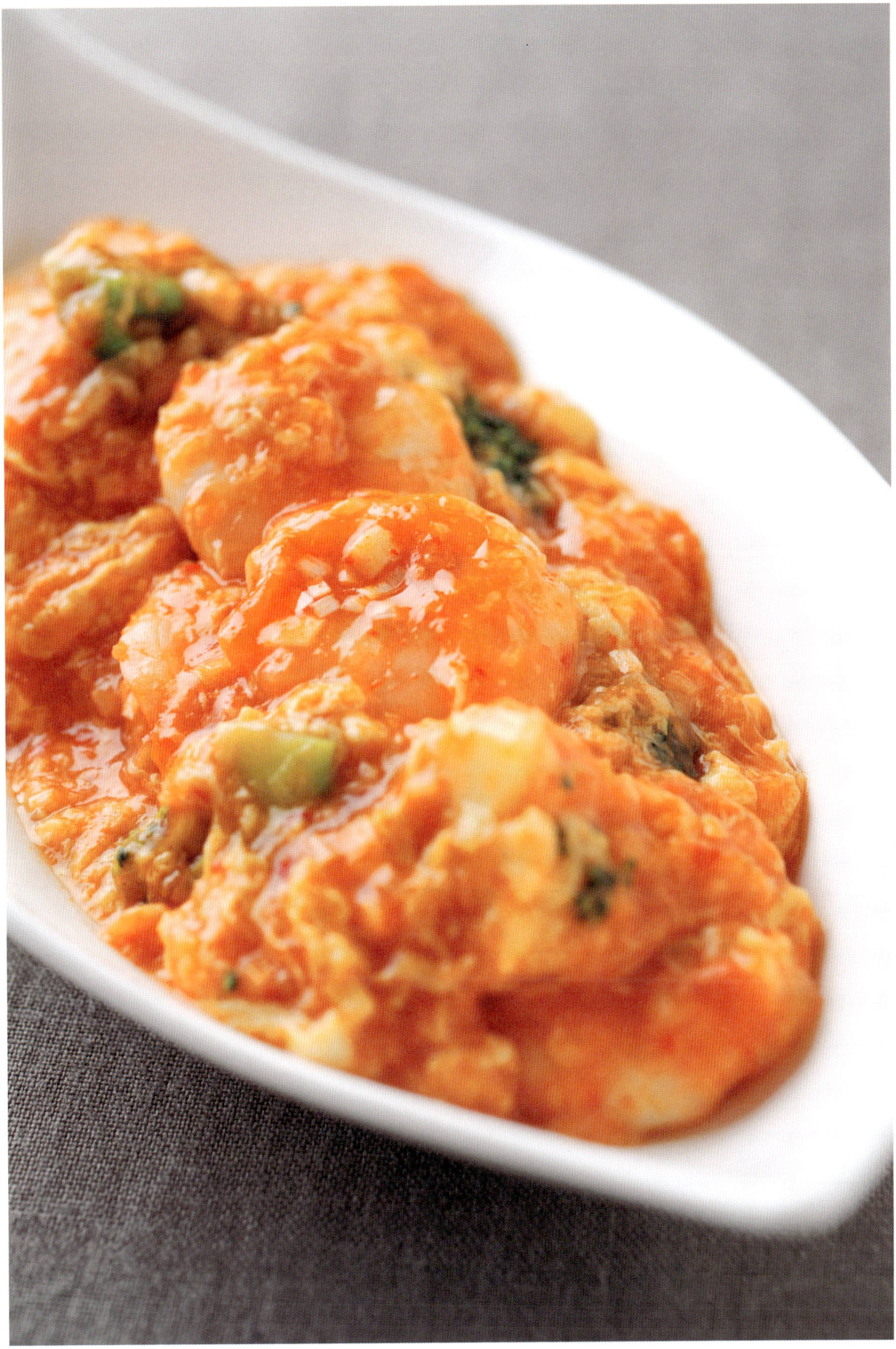

やわらかジューシー酢豚

甘酢っぱい味が後をひきます。角切りの豚肉を使うのが一般的ですが、
薄切り肉を丸めて作ると火の通りも早く、やわらかく仕上がります。

材料（2人分）

豚バラ肉（スライス）… 5枚（160g）
玉ネギ … 1/4個
ピーマン … 1/3個
干しシイタケ … 1枚
A ┌ 塩、コショウ … 各少量
B ┌ 上白糖 … 大さじ2
  │ 酢 … 大さじ2 1/2
  │ 醤油 … 小さじ1/3
  │ 水 … 大さじ2 1/3
  │ ケチャップ … 大さじ3
  │ レモン果汁 … 小さじ1/3
  │ 塩 … 1つまみ
  └ 片栗粉 … 小さじ2/3
揚げ油（サラダ油）… 適量

作り方

1. 豚バラ肉を10〜15cmほどの長さに切り、バットなどに広げ、Aをふり、軽く手で押してなじませる。肉を1枚ずつ端から丸めて団子状にする（ab）。
2. 玉ネギ、ピーマンは一口大の角切りにし、干しシイタケは水に浸けてしっかり戻し、一口大に切る。
3. ボウルにBを合わせておく。
4. 1の肉に霧吹きなどで水をかけ、片栗粉（分量外）をしっかりまぶしつける（c）。再び霧吹きで水を吹きかけて、表面を湿らせる。
5. フライパンに、肉団子の半分の高さになるくらいの量のサラダ油を熱する。160℃ほどの中温から4の団子を入れて揚げていく（d）。火が通ってきたら玉ネギとピーマンも入れ、手早く網で上げて油を切る（e）。
6. 5のフライパンの油をあけ、3を入れて火にかけ（f）、とろみがついてきたら5の材料を戻し入れ、シイタケも加えて混ぜる（g）。全体によくたれが絡んだらでき上がり（h）。

ポイント
肉に粉がしっかりついていないと、揚げたときに脂が溶け出してしまうので、水をつけながらしっかりと粉を密着させる。

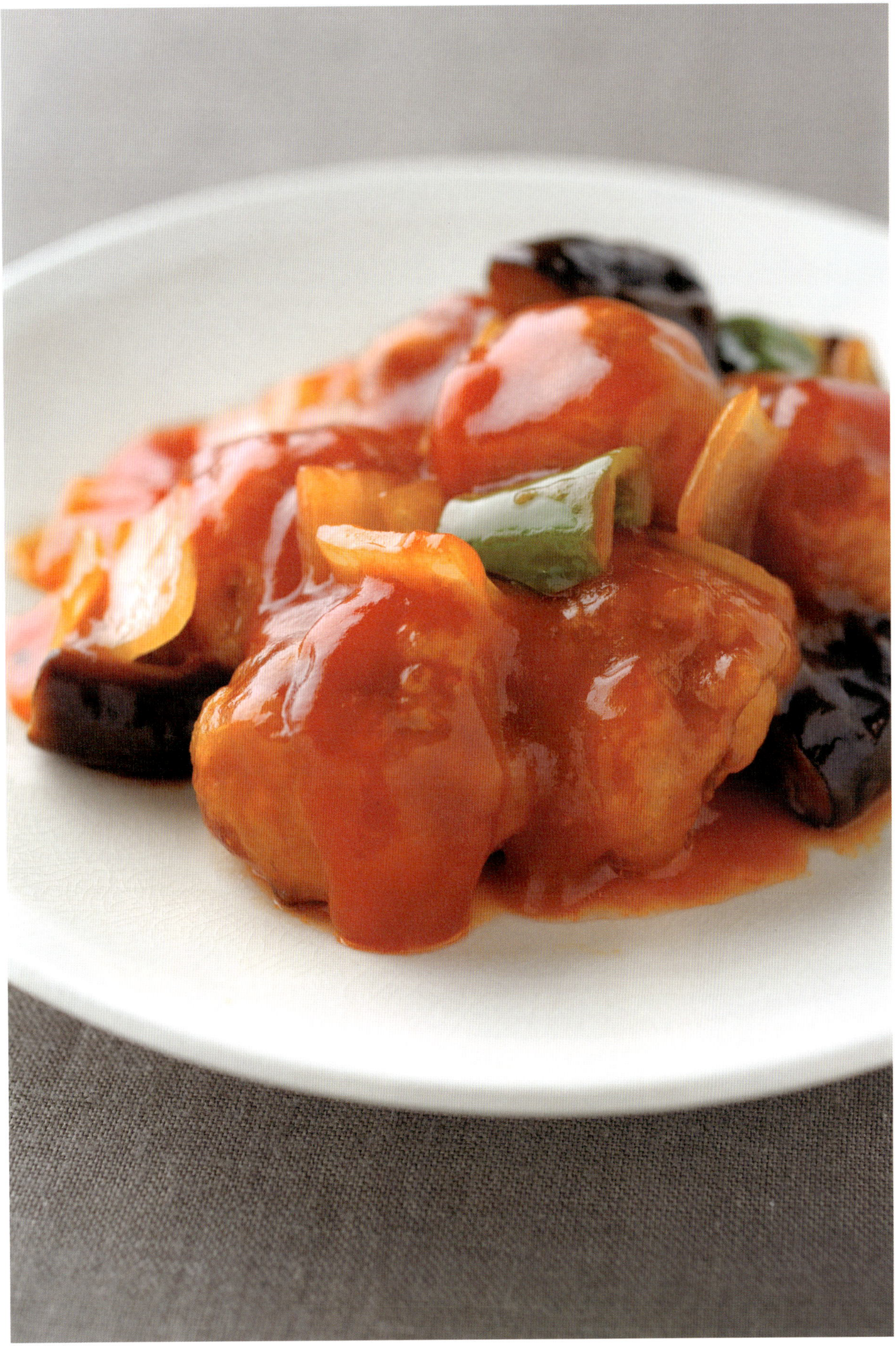

レバニラ炒め

身体にいいレバーがおいしく食べられる、おなじみのスタミナおかず。
レバーと野菜を別々に炒めて最後に合わせると、上手に作れます。

材料（2人分）

豚レバー（鶏レバーや牛レバーでもよい）
　…120g
もやし…60g
ニラ…1束（70g）
長ネギ…1/3本
生姜…5g
A ┌ 塩、コショウ…各少量
　│ おろし生姜…小さじ1/4
　└ 片栗粉…小さじ1
B ┌ 塩、コショウ…各少量
　│ 醤油…小さじ1/2
　└ 酒（紹興酒または日本酒）…小さじ1

作り方

1. レバーは一口大のそぎ切りにし、Aの塩、コショウ、おろし生姜を加えて混ぜ、更に片栗粉を加えて混ぜる（a）。
2. ニラは4cm長さに切り、長ネギは斜め薄切りに、生姜は皮をむいて薄切りにする。
3. フライパンに薄くサラダ油（分量外）を敷き、1のレバーを重ならないように入れて中火で焼く（b）。下の面の色が変わってきたら裏返し、両面とも火が通ったら（指で押して弾力を確認する。c）、取り出しておく（d）。
4. 3の空いたフライパンに長ネギと生姜を入れて弱火で炒め、香りが出てきたらもやしを入れ、酒大さじ2/3ほど（分量外）を加えて蓋をし、中火で40秒ほど蒸し焼きにする（ef）。
5. 4の蓋を取り、ニラと3のレバーを入れ、Bを加えて炒め合わせる（g）。ニラがしんなりしたらでき上がり（h）。

> **ポイント**
> レバーは強火で焼くとバサバサになる。あまり火を通しすぎないほうがおいしい。

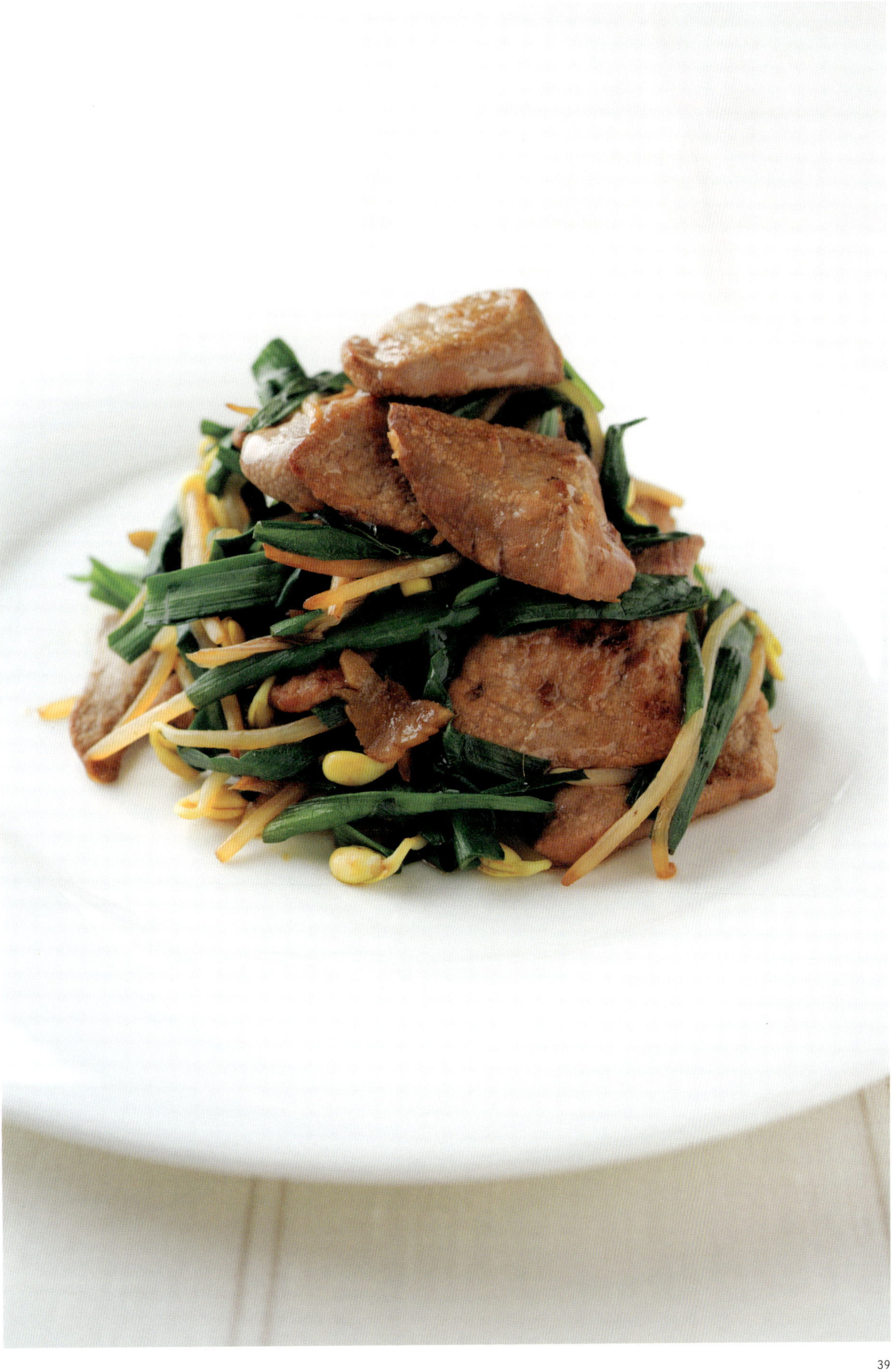

チンゲン菜の炒め物

さっぱりとした炒め物。チンゲン菜は軽く湯通ししておくことで、
炒め時間を短縮できます。

材料 （2人分）

チンゲン菜 … 2株
長ネギ（細め）… 1本
生姜 … 5g
クコの実 … 10粒
サラダ油 … 小さじ1/3
A ┃ 酒（紹興酒または日本酒）… 小さじ2
　 ┃ 鶏ガラスープ … 小さじ1
　 ┃ 塩 … 2つまみ
　 ┃ コショウ … 少量

作り方

1. チンゲン菜は葉と茎に切り分ける(a)。葉は5cm幅に切る。茎はそのまま縦半分に切り、それぞれを5等分ほどの薄いくし形に切る(b)。長ネギは斜め切りにし、生姜は皮をむいて小さめの薄切りにする。

2. クコの実は水に浸けて、しっかりふくらむまで戻す。

3. フライパンに湯を500ccほど沸かし、1のチンゲン菜の茎を入れてゆでる。少しおいて葉を入れてさっとゆで(c)、ザルにあけて水気をしっかり切る。

4. 3のフライパンにサラダ油小さじ1/3を敷いて1の長ネギと生姜を入れて炒め(d)、香りが出てきたら3のチンゲン菜を入れ、Aを加え、水分を飛ばすように炒める。全体に味がなじんだら、2のクコの実の水気を切って加える。

ポイント

チンゲン菜は一度ゆでているので、水分が気になるようなら最後に水溶き片栗粉を加えてもよい。炒めすぎると食感も悪くなるので注意。

ゴーヤーチャンプルー炒め

オイスターソースを使って中華風に。

材料（2人分）

豚バラ肉（スライス）… 120g
ゴーヤー（苦瓜）… 1/2本
卵 … 2個
長ネギ … 1/2本
生姜 … 5g
A[みりん … 大さじ1/2
　　酒（紹興酒または日本酒）
　　　… 大さじ1/2
　　醤油 … 小さじ1
　　オイスターソース … 小さじ1/2

作り方

1. 豚肉は4cm幅ほどに切る。長ネギは斜め切りにする。生姜は皮をむいて薄切りにする。
2. ゴーヤーは縦半分に切ったものを、スプーンなどで種を除き、端から3mm厚さに切る。沸騰湯に入れてゆで(a)、色が鮮やかになったらザルにあけて水気を切る。
3. フライパンに少量のサラダ油（分量外）を敷いて熱し、1の豚肉を入れて炒め(b)、火が通ってきたら長ネギ、生姜も加えて軽く炒めて香りを出し(c)、取り出しておく。
4. 3の空いたフライパンによく溶いた卵を入れて炒め(d)、2のゴーヤーと3を戻し入れて炒め合わせ(e)、Aで味つけをする(f)。

鶏肉とカシューナッツの ピリ辛炒め

唐辛子の辛みをきかせます。
カシューナッツが味と歯応えのアクセント。

材料 （2人分）

鶏モモ肉 … 1枚（230g）
カシューナッツ（ピーナッツなどでもよい）
　… 50g
長ネギ（細め）… 1本
生姜 … 5g
乾燥唐辛子
　（写真の丸い唐辛子は朝天辣椒）… 6粒
　※またはタカノツメ … 3本ほど
中国山椒（四川花椒）… 8粒
A ┌ 塩 … 2つまみ
　│ コショウ … 少量
　│ 醤油 … 小さじ1/3
　│ 酒（紹興酒または日本酒）… 大さじ2
　└ 片栗粉 … 大さじ1½
B ┌ 上白糖 … 大さじ1
　│ 酒 … 大さじ1
　│ 酢 … 大さじ1
　│ 醤油 … 大さじ1⅓
　│ 鶏ガラスープ … 大さじ1
　│ 片栗粉 … 小さじ1/3
　└ コショウ … 少量
サラダ油 … 大さじ1/2

作り方

1. 鶏肉は筋切りをして、均一の厚さになるように、厚い部分の肉を切り開き、1.5cm角に切る。Aの塩、コショウ、醤油を加えて混ぜ、酒を加えて混ぜ、最後に片栗粉を加えて混ぜる(a)。
2. 長ネギは斜め切りに、生姜は皮をむいて小さめの薄切りにする。
3. ボウルにBを合わせておく。
4. フライパンにサラダ油を敷き、唐辛子と中国山椒を入れて弱火で炒める(b)。唐辛子の色が赤黒くなってきたら、1の鶏肉を入れてしっかり炒める(c)。
5. 鶏肉に8〜9割火が通ってきたら、長ネギと生姜を加えて炒め合わせ、3をよく混ぜて鍋肌から加える(d)。とろみがしっかりついてたれが全体に絡んだら、最後にカシューナッツを加える。

帆立のクリーム炒め

帆立の白さを生かし、牛乳を使った白いスープで作ります。

材料 （2人分）

ホタテ貝柱（Mサイズ）… 2個
エリンギ（小さめ）… 1本
グリーンアスパラガス … 1本
長ネギ（細め）… 1/3本
生姜 … 3g
A ┌ 鶏ガラスープ … 80cc
　│ 牛乳 … 80cc
　│ 上白糖 … 小さじ1/3
　│ 塩 … 2つまみ
　│ コショウ … 少量
　└ 酒（紹興酒または日本酒）… 大さじ1/2
水溶き片栗粉 … 大さじ1/2

ポイント

・生のホタテには塩分があるので塩をする必要はない。冷凍の場合は少し塩をふる。
・牛乳を使った煮汁は、火からおろすと少し絞まるので、あまりとろみを強くつけすぎない。

作り方

1. ホタテは厚みを半分に切り、表面に薄く片栗粉（分量外）をつける(a)。
2. エリンギは1cm弱の厚さの一口大に切り、アスパラガスは太ければ縦半分に切ってから、細ければそのまま4cm長さほどの斜め切りにする。長ネギは斜め切りに、生姜は皮をむいて薄切りにする。
3. フライパンに湯を沸かし、アスパラガス、エリンギ、ホタテの順に入れてゆで(b)、手早くザルにあけて水気を切る。
4. 3のフライパンの水気をふき取り、長ネギ、生姜を入れて軽く炒めて香りを出し、Aを加える(c)。
5. 3の材料を戻し入れて味を調え(d)、いったん火を止め、水溶き片栗粉を加えてよく混ぜ、再び火にかけてとろみがついたらでき上がり。

自家製ラー油の作り方

ご家庭でも作れる、自家製ラー油の作り方をご紹介します。きれいな油から作る、辛みの立つタイプと、揚げ物などに使用した油を再利用して作る、コクのあるタイプの2種類です。唐辛子によって味が変わるので、いろいろ試してみるとよいでしょう。唐辛子を入れるボウルは大きめのものを用意します。熱した油をいっぺんに加えると唐辛子が焦げるので、4、5回に分けて加えてください。ネギと生姜の他に、好みで花椒（中国山椒）やホールの乾燥赤唐辛子などを油に加えてもけっこうです。

辛み重視のラー油

作りたて　　一週間後

材料 （作りやすい量）

サラダ油（未使用）… 200cc
一味唐辛子 … 大さじ3
醤油 … 小さじ1
オイスターソース … 小さじ1
長ネギ（青い部分）… 2本分
生姜の皮 … 20g

> **ポイント**
> 使う唐辛子によって味が変わるので、いろいろ試してみるとよい。
> **韓国唐辛子**：色と辛みがよく出る。
> **一味唐辛子**：辛みは強くないが、香りと味わいがある。
> **七味唐辛子**：食べるラー油向き。

作り方

1. 大きめのボウルに一味唐辛子を入れて、小さじ1の水、醤油、オイスターソースを加えて混ぜておく（ab）。

2. 鍋にサラダ油、長ネギ、生姜の皮を入れて弱火にかけ、じっくり温度を上げていく（c）。

3. 2の長ネギと生姜の水分が飛んで色づいてきたら取り除き（d）、更に温度を上げて、200℃くらいになったら1に4、5回に分けて加え、その都度よく混ぜる（e〜j）。

4. すべての油を注いだら、ラップフィルムなどで密閉し、そのままおいて冷ましておく。冷めたら蓋のできる容器に入れて、常温で保存する。

コクのあるラー油

作りたて　一週間後

材料（作りやすい量）

揚げ物に使った後のサラダ油 … 200cc
一味唐辛子 … 大さじ3
長ネギ（青い部分）… 2本分
生姜の皮 … 20g

作り方

1. 大きめのボウルに一味唐辛子を入れて、水を大さじ1加えて湿らせる。
2. 鍋にサラダ油、長ネギ、生姜の皮を入れて弱火にかけ、じっくり温度を上げていく（ab）。
3. 2の長ネギと生姜の水分が飛んで色づいてきたら取り除き（c）、更に温度を上げて、200℃くらいになったら1に4、5回に分けて加え、その都度よく混ぜる（d～i）。
4. すべての油を注いだら、ラップフィルムなどで密閉し、そのままおいて冷ましておく。冷めたら蓋のできる容器に入れて、常温で保存する。

チャーハン

家庭のコンロでフライパンを使い、おいしく作れる方法を伝授。店では中華鍋をあおって作るイメージですが、家庭ではなるべくフライパンを火から離さないのがポイント。卵を最初にご飯に絡めておけば簡単です。水分が少ないとパサパサになるので注意。パサパサとパラパラは違います。また、一度に作るならこのレシピの量が限度。これ以上になる場合は分けて作ってください。

ゆで豚チャーシューチャーハン

ゆで豚チャーシューは、作っておくと本当に便利。
これは、漬け込んだ野菜やたれも、むだなく使えるチャーハンです。

材料（2人分）

ご飯（温かいもの）… 400g
ゆで豚チャーシュー（p.48参照）
　… 150g
ゆで豚チャーシューの漬け野菜（p.48参照）
　… 80g
卵 … 2個
万能ネギ … 3本
サラダ油 … 小さじ1
A ┌ 塩 … 小さじ1/4
　│ コショウ … 少量
　└ チキンパウダー … 小さじ1/3
ゆで豚チャーシューの漬け汁（p.48参照）
　… 大さじ1
醤油 … 小さじ1/3

作り方

1. ゆで豚チャーシューは1cm角に切り(a)、電子レンジに1分かけて温める。チャーシューの漬け野菜は粗めのみじん切りにする(b)。万能ネギは、細かい小口切りにする。
2. 温かいご飯をボウルに入れ、よく溶いた卵をかけて、Aを加えて全体になじませる(c)。
3. フライパンにサラダ油を敷いて火にかける。鍋肌が温かくなってきたら2のご飯を入れて全体に広げ、ヘラなどで切るようにしながら強火で炒める(de)。
4. ご飯の表面の卵に火が通ったら一度火を止めて、1のチャーシューと漬け野菜、漬け汁を加えてよく混ぜ(fg)、再び火にかける。万能ネギを入れ、鍋肌から醤油を加えて混ぜ合わせる(h)。

> **ポイント**
> ・チャーシューが冷たいと脂が溶けないので、電子レンジで温めておく。
> ・ご飯の裏表をひっくり返すようなイメージで炒める。フライパンを火から離してあおったりすると、温度が下がっていつまでも炒まらない。フライパンは火から離さないようにする。

簡単ゆで豚チャーシュー

塊の豚バラ肉をゆでて、たれに漬け込むだけの簡単チャーシューです。
さまざまな料理に使えてとっても便利。
一緒に漬け込んだ野菜も料理に使えて一石二鳥です。
豚肉は、ひもでしばるとでき上がりが固くなるので、しばらずそのままゆでます。

材料 （作りやすい量）

豚バラ肉（塊）… 600g
長ネギ（青い部分）、生姜の皮 … 各適量
A ┌ 玉ネギ … 150g
　├ ニンジン … 90g
　├ セロリ … 90g
　└ ニンニク … 2粒
B ┌ 水 … 120cc
　├ 醤油 … 120cc
　└ 上白糖 … 小さじ2

作り方

1. 鍋にたっぷりの湯と豚肉、長ネギの青い部分、生姜の皮を入れて火にかけ。火が通るまで20分ほどゆでる (a)。
2. Aはそれぞれ、厚めにスライスする。
3. 別鍋にBを入れて火にかけ、沸いたら2の野菜を入れる (b)。再び沸いたら火を止める (c)。
4. 1の豚肉に火が通ったら (d) 耐熱容器に移し、3のたれを野菜ごと加える。
5. 4の粗熱が取れたらすべてビニール袋に移し (e)、できるだけ空気を抜いて密閉し (f)、冷蔵庫に入れておく。半日以上漬けたらでき上がり。3〜4日は冷蔵保存できる。

ポイント

・野菜は細かく切りすぎると味が入りすぎるので、大きめに切る。
・2〜3ヵ月の冷凍保存も可能。その場合は食べやすい大きさに切ってから冷凍するとよい。

かにのあんかけチャーハン

海鮮入りリゾットチャーハン

ピリ辛チャーハン

牛ステーキチャーハン

かにのあんかけチャーハン

卵チャーハンに熱々のあんをかけて。

材料（2人分）

ご飯（温かいもの）… 400g
卵 … 2個
カニ肉（缶詰）… 60g
こんにゃく … 1/3枚（60g）
ブラウンエノキタケ（または普通の
　エノキタケ）… 1/2パック（40g）
サラダ油 … 小さじ1
A｜塩 … 小さじ1/4
　｜コショウ … 少量
　｜チキンパウダー … 小さじ1/3
　｜醤油 … 小さじ1/3
B｜鶏ガラスープ … 250cc
　｜牛乳 … 大さじ2
　｜塩 … 小さじ1/4
　｜上白糖 … 小さじ1/3
　｜コショウ … 少量
　｜酒（紹興酒または日本酒）… 大さじ1
水溶き片栗粉 … 大さじ1½
卵白 … 大さじ1

作り方

1．カニ肉は細めに手でほぐす。こんにゃくは2cm長さほどの細切りに、ブラウンエノキは石づきを切り落とし、半分に切る。
2．温かいご飯をボウルに入れ、よく溶いた卵をかけて、Aの塩、コショウ、チキンパウダーを加えて全体になじませる。
3．フライパンにサラダ油を敷いて火にかける。鍋肌が温かくなってきたら2のご飯を入れて全体に広げ、ヘラなどで切るようにしながら強火で炒める。
4．ご飯の表面の卵に火が通ったら一度火を止めて、Aの醤油を加えてよく混ぜ、再び火にかけて混ぜ合わせ、器に盛る。
5．4の空いたフライパンにBを入れて火にかけ、1のカニ肉、こんにゃく、エノキを入れて味を調えたらいったん火を止め、水溶き片栗粉を加えて混ぜ、再び火にかけてとろみをつけ、卵白を散らして淡雪仕立てにする。
6．4に5のあんをかける。

海鮮入りリゾットチャーハン

魚介の風味が溶け込んだスープを、卵チャーハンに少しずつ加えながら炒めて作ります。

材料（2人分）

ご飯（温かいもの）… 400g
卵 … 2個
シーフードミックス（冷凍。生でもよい）
　… 150g
サラダ油 … 小さじ1
A｜塩 … 小さじ1/4
　｜コショウ … 少量
　｜チキンパウダー … 小さじ1/3
B｜鶏ガラスープ … 80cc
　｜醤油 … 小さじ1/2
　｜オイスターソース … 小さじ1
　｜酒（紹興酒または日本酒）… 大さじ1

作り方

1．シーフードミックスはすべて1cm角に揃えて切り、一度下ゆでしてザルにあけ、水気を切っておく。
2．温かいご飯をボウルに入れ、よく溶いた卵をかけてAを加え、全体になじませる。
3．フライパンにサラダ油を敷いて火にかける。鍋肌が温かくなってきたら2のご飯を入れて全体に広げ、ヘラなどで切るようにしながら強火で炒める。
4．表面の卵に火が通ったら一度火を止める。
5．別鍋にBを合わせて火にかけ、1を入れる。しっかり沸かした後、シーフードを煮汁から引き上げる。
6．4に5のシーフードを入れて炒め、5の煮汁を2、3回に分けて鍋肌から加えながら炒める。

ピリ辛チャーハン

豆板醤と甜麺醤を合わせた味つけで、後をひくおいしさです。

材料 （2人分）

ご飯（温かいもの）… 400g
卵 … 2個
ゆで豚チャーシュー（p.48参照）
… 100g
ゆで豚チャーシューの漬け野菜（p.48参照）
… 50g
万能ネギ … 3本
サラダ油 … 小さじ1
A ┌ チキンパウダー … 小さじ1/3
　└ コショウ … 少量
B ┌ 豆板醤 … 小さじ1
　└ 甜麺醤 … 小さじ2

作り方

1. ゆで豚チャーシューは1cm角に切り、電子レンジに1分かけて温める。チャーシューの漬け野菜は粗めのみじん切りにする。万能ネギは、細かい小口切りにする。
2. 温かいご飯をボウルに入れ、よく溶いた卵をかけてAを加え、全体になじませる。
3. フライパンにサラダ油を敷いて火にかける。鍋肌が温かくなってきたら2のご飯を入れて全体に広げ、ヘラなどで切るようにしながら強火で炒める。
4. ご飯の表面の卵に火が通ったら一度火を止めて、いったん器に取り出しておく。
5. 4の空いたフライパンに1のチャーシューと漬け野菜を入れて中火で炒め、Bを加えて全体になじませるように炒めたら、4のご飯を戻し入れて更に炒め、万能ネギを加える。

牛ステーキチャーハン

ほうれん草を加えて作るグリーンのチャーハンに、
牛ステーキをのせたご馳走チャーハンです。

材料 （2人分）

ご飯（温かいもの）… 400g
卵 … 2個
ホウレン草 … 1束（60g）
生姜（皮をむく）… 15g
万能ネギ … 10本
牛ステーキ肉（サーロイン）… 1枚（120g）
A ┌ 塩、黒コショウ … 各少量
B ┌ 塩 … 小さじ1/4
　│ コショウ … 少量
　└ 醤油 … 小さじ1/3
サラダ油 … 小さじ1

作り方

1. 牛ステーキ肉にAで下味をつけ、熱したフライパンに入れて両面をしっかり焼き、ペーパータオルなどに取ってアルミ箔で蓋をし、余熱で火を通す。
2. ホウレン草、生姜、万能ネギは細かめのみじん切りにする。
3. 温かいご飯をボウルに入れ、よく溶いた卵をかけて、Bの塩、コショウを加えて全体になじませる。
4. フライパンにサラダ油を敷いて火にかける。鍋肌が温かくなってきたら3のご飯を入れて全体に広げ、ヘラなどで切るようにしながら強火で炒める。
5. ご飯の表面の卵に火が通ったら2を加えて混ぜながら炒め、仕上げにBの醤油を加えて風味をつけ、器に盛る。
6. 1の肉を一口大に切り、5の上に盛りつける。

麺

中華料理の麺にはいろいろなタイプがありますので、ここではできるだけ違うタイプの麺をご紹介します。汁麺あり、焼きそばあり、煮込み麺あり。味もさっぱりしたものからコクのあるもの、辛いものなど変化に富んでいます。どうぞお好みの麺を見つけてください。

とってもさっぱり鶏そば

サンラータン麺

激辛！！煮込みそば

とってもさっぱり鶏そば

しっとりと火を入れた鶏ささみをのせた、やさしい味の麺。
白いスープは牛乳を使ったものです。

材料 (1玉分)

- 鶏ササミ … 2本
- 生姜 (みじん切り) … 10g
- 長ネギ (みじん切り。p.63 参照) … 1/3 本分
- ホウレン草 … 1株 (30g)
- 牛乳 … 大さじ 1½
- 中華麺 … 1玉
- A
  - 水 … 400cc
  - 酒 (紹興酒または日本酒) … 大さじ1
  - 鶏ガラスープの素 (顆粒) … 小さじ 1/3
  - 塩 … 小さじ 1/3
  - コショウ … 少量
  - 長ネギ (青い部分)、生姜の皮 … 各適量 (あれば)

作り方

1. ホウレン草は4cm幅に切り、水洗いする。
2. 深さのある鍋にAを入れて火にかけ、沸いたところにササミを入れる。再び沸いたら火を止め、蓋をしてそのままおいて粗熱を取る。
3. 2のササミを手で糸状にほぐし、ゆで汁を大さじ2程度加えておく。
4. どんぶりに、みじん切りの生姜と長ネギ、牛乳を入れておく。
5. たっぷりの湯を沸かして中華麺をゆでる。同時にササミのゆで汁を沸かして4に注ぎ、ゆで上がった麺の湯を切って入れる。麺をゆでた湯で1のホウレン草をさっとゆでて水気を取って添え、3のササミをのせる。

サンラータン麺

辛くて酸っぱいスープ「サンラータン」に、麺を加えました。

材料 (1玉分)

- 豚バラ肉 (スライス) … 90g
- ホウレン草 … 1株 (30g)
- もやし … 60g
- 長ネギ (みじん切り。p.63 参照) … 1/3 本分
- 中華麺 … 1玉
- A
  - 酢 … 小さじ2
  - 醤油 … 大さじ 1⅔
  - コショウ … 少量
  - ラー油 … 大さじ2
  - オイスターソース … 小さじ1
- B
  - 酒 (紹興酒または日本酒) … 小さじ2
  - 塩、コショウ … 各少量
  - 醤油 … 小さじ 1/3
- 鶏ガラスープ … 400cc

作り方

1. 豚肉とホウレン草は1cm幅に切り、もやしはひげ根を取り除く。
2. どんぶりにAを合わせ、長ネギを入れておく。
3. 1の豚肉をフライパンで炒め、火が通ったらもやしとホウレン草を加え、Bで味つけて手早く炒める。
4. たっぷりの湯を沸かして中華麺をゆでる。同時に別鍋で鶏ガラスープを沸かして2のどんぶりに注ぎ、ゆで上がった麺の湯を切って入れ、3をのせる。

激辛!! 煮込みそば

豆板醤の辛みがおいしい煮込み麺。
辛さは好みで調整してください。

材料 （1玉分）

豚バラ肉（スライス）… 60g
キャベツ … 2枚（70g）
ニンジン … 1/5本（20g）
キクラゲ … 5枚
卵 … 1個
中華麺 … 1玉
豆板醤 … 小さじ1/3
A ┃ 鶏ガラスープ … 400cc
　┃ 醤油 … 小さじ2
　┃ オイスターソース … 小さじ2 ½
　┃ コショウ … 少量

作り方

1. 豚肉は2cm幅に切る。キャベツは一口大に切り、ニンジンは皮をむいて2〜3mmの厚さで食べやすい大きさに切る。
2. キクラゲは水に浸けて戻し、石づきを除く。
3. 鍋に豚肉を入れて炒める。火が通ったらニンジンを加えて炒め、更に卵をよく溶いて加え、卵に軽く火が通ったらキャベツとキクラゲも加えて炒める。
4. 3の野菜がしんなりしてきたら、豆板醤を加える。香りが立ってきたら、Aを入れて沸かす。
5. たっぷりの湯を沸かして中華麺をゆで、湯を切って4の鍋に入れ、5分ほど煮込んだらでき上がり。

> **ポイント**
> 麺は必ず別ゆでする。そのまま入れるとかんすいの香りや粉っぽさが出てしまうので注意。

具だくさん炒め焼きそば

冷やし中華

野菜たっぷり春雨ラーメン

具だくさん炒め焼きそば

麺を最初によく炒めておくのがポイントです。

材料（1玉分）

豚バラ肉（スライス）… 90g
ニンジン … 1/5本（20g）
玉ネギ … 1/6個（50g）
キャベツ … 1枚
ニラ … 3本
焼きそば用麺 … 1玉
A ┌ 酒（紹興酒または日本酒）… 小さじ1/2
　├ 醤油 … 小さじ1/2
　└ サラダ油 … 小さじ1
B ┌ 鶏ガラスープ … 40cc
　├ 酒 … 小さじ2
　├ コショウ … 少量
　├ オイスターソース … 小さじ1/2
　└ 醤油 … 小さじ1/2

作り方

1．豚肉は2cm幅に切る。ニンジン、玉ネギ、キャベツは4cm長さの細切りにする。ニラも4cm長さに切る。
2．焼きそばの麺にAをまぶし、フライパンに入れてほぐさずに、両面をこんがりと煎り焼く。焼き目がつき、ほぐれやすくなったら軽くほぐし、ペーパータオルなどの上に取り出して油を切る。
3．2の空いたフライパンに豚肉を入れて炒め、火が通ったら玉ネギ、ニンジン、キャベツの順に加えて炒める。
4．3の野菜がしんなりしてきたら、2の麺を戻し入れ、Bを加え、麺がスープを吸ってしっとりしたら、最後にニラを加えて炒める。

冷やし中華

グレープフルーツとトマトの風味が、新鮮なおいしさです。

材料（1玉分）

ハム（スライス）… 2枚
キュウリ … 1/3本
トマト … 1/4個
グレープフルーツ … 1/4個
卵 … 1個
中華麺 … 1玉
A ┌ 上白糖 … 大さじ1½
　├ 酢 … 大さじ2
　├ 醤油 … 大さじ1⅓
　└ おろし生姜 … 小さじ1/3

作り方

1．ハム、キュウリは細切りにする。トマトはヘタを除き、1cm角に切る。グレープフルーツは皮をむいて果肉を取り出し、横1cm幅に切る。
2．卵はよく溶いて薄焼き卵を作り、細切りにする。
3．ボウルにAを入れてよく混ぜ、1のトマトとグレープフルーツを加えてたれを作る。
4．たっぷりの湯を沸かして中華麺をゆで、流水にさらして粗熱とぬめりを取ったら、氷水でしっかり冷やして水気を切り、器に盛る。
5．4に1のハムとキュウリ、2の卵を盛りつけ、3のたれをかける。

野菜たっぷり春雨ラーメン

さっぱりとした味つけで、野菜がたっぷり摂れるヘルシー麺。

材料 （1人分）

春雨 … 50g
ニンジン … 1/4 本 (20g)
キャベツ … 1 枚
玉ネギ … 1/6 個
ピーマン … 1 個
シイタケ … 1 枚
A ┌ 鶏ガラスープ … 400cc
　│ 塩 … 小さじ 1/4
　│ 上白糖 … 小さじ 1/4
　│ コショウ … 少量
　│ 酒（紹興酒または日本酒）… 大さじ 1
　└ 醤油 … 小さじ 1/4

作り方

1. 春雨はたっぷりの水に浸けて戻し、やわらかくなったら 5cm 長さに切る。
2. 野菜とシイタケはそれぞれ細切りにする。
3. 鍋に A を入れて火にかけ、沸いたら 1 の春雨と 2 を入れて 3〜5 分煮てでき上がり (a〜c)。

ごまだれ棒々鶏麺

豆乳入り坦々麺
（タンタン）

a b c d

ごまだれ棒々鶏麺

棒々鶏（バンバンジー）と麺の組み合わせ。

材料（1玉分）

鶏ササミ … 2本
　※ p.54「鶏そば」の作り方 2、3 と同様にしてゆで (a)、ほぐしたもの。
キュウリ … 1/2 本
トマト … 1/2 個
中華クラゲ（味つき）… 40g
長ネギ（みじん切り。p.63 参照）… 1/3 本分
中華麺 … 1 玉
A ┌ 塩 … 少量
　└ ゴマ油 … 小さじ 1/2
B ┌ 上白糖 … 大さじ 1
　│ 酢 … 小さじ 2
　│ 醤油 … 大さじ 2
　│ おろし生姜 … 小さじ 1/3
　│ 芝麻醤（ゴマペースト）… 大さじ 2
　└ ラー油 … 大さじ 1

作り方

1．キュウリは皮をむき、5cm 長さの細切りにする。トマトはヘタを取り、くし形に切る。
2．たっぷりの湯を沸かして中華麺を入れる。9割ほど火が通ったら湯を切り、バットなどに広げて A で下味をつけ (b)、風通しのよいところで冷ましておく。
3．ボウルに B を合わせて長ネギを加え、たれを作る (c)。
4．器に 2 の麺を盛り、トマト、キュウリ、中華クラゲ、鶏ササミを添えて、3 のたれをかける。

豆乳入り坦々麺

ごま風味のスープがおいしい人気の麺。
坦々麺（タンタンメン）は本来汁なし麺ですから、
スープの量は少なくてよく、また、熱々である必要もありません。

材料 （1玉分）

豚挽き肉の甘味噌炒め（炸醤。p.64参照）
　… 20g
ザーサイ（味つき）… 15g
ホウレン草 … 1株（30g）
長ネギ（みじん切り。下記参照）… 1/3本分
中華麺 … 1玉
A ┌ 酢 … 小さじ1
　│ 醤油 … 大さじ2
　│ 芝麻醤（ゴマペースト）… 大さじ2
　└ ラー油 … 大さじ1½
B ┌ 鶏ガラスープ … 150cc
　└ 豆乳 … 150cc

作り方

1. ザーサイはみじん切りする。塩漬けのものの場合は、軽く水にさらして塩抜きする。ホウレン草は4cm長さに切り、水洗いする。
2. どんぶりにザーサイとA、長ネギを入れておく（入れた調味料はかき混ぜないほうが、仕上がりがきれいで味もすっきりする。ab）。
3. たっぷりの湯で中華麺をゆでる。同時に別鍋にBを入れて火にかけ、沸騰直前で火を止める。
4. 2に3のスープをすべて注ぎ（c）、ゆで上がった麺の湯を切って入れ（d）、麺をゆでた湯でホウレン草をさっとゆでて水気を取って添え、豚挽き肉の甘味噌炒めをのせる。

長ネギのみじん切り

中華料理でよく使う長ネギのみじん切りを、
手早く上手に作る方法です。

1. 長ネギの青い部分を切り落とす。白い部分の表面を湿らせたタオルなどでふいて汚れを取る。体の正面に垂直にネギをおき、ネギを転がしながら、包丁の先をネギの中心に刺して、螺旋状に切り込みを入れながら端まで切る（a。包丁の先がしっかりまな板に当たるように切る）。
2. 1のネギを横にして、5mm幅に切ると、散らばらせることなくみじん切りにできる（bc）。

豚挽き肉の甘味噌炒め（炸醤(ジャージャン)）

さまざまな料理に使えて便利な肉味噌です。
冷凍保存が可能なので、多めに作っておくとよいでしょう。

材料（作りやすい量）

豚挽き肉 … 300g
酒（紹興酒または日本酒）… 大さじ1
醤油 … 大さじ2
甜麺醤 … 大さじ2

ポイント
豚挽き肉は、赤身4：脂身1くらいの割合のものがよい。

作り方

1. フライパンを火にかけ、豚挽き肉を入れて (a)、塊をヘラでつぶすようにしながら中火で炒める。
2. 豚肉にしっかり火が通り、豚肉から出てきた水分（濁った汁）が、透き通るようになってきたら (b)、酒、醤油、甜麺醤を加えてしっかり絡めながら炒める (c)。
3. 豚肉から出た脂が再び透き通ってきたらでき上がり (d)。

中華料理名人になる

その二

揚げ物

蒸し物

スープ

この3つのどれかが加わると、献立に変化がついて喜ばれます。中華鍋や大量の油がなくても大丈夫な揚げ物と、短時間で作れるご家庭向きの蒸し物、スープです。

揚げ物

大量の油を使うイメージで、めんどうな印象のある揚げ物ですが、ご家庭ではそんな必要はありません。少し深めのフライパンや普通の鍋に、素材がある程度浸るくらいの油を用意すれば充分です。

鶏のから揚げ

大人にも子供にも人気のおかず。

材料（2人分）

鶏モモ肉（皮つき）… 1枚（250g）
トマト … 1/2個
キャベツ … 1/8個
ニンジン … 10g
大葉 … 5枚
ニンニク … 1粒（5g）
生姜（皮をむく）… 1カケ（3g）
A ┌ 塩 … 2つまみ
　├ みりん … 小さじ1
　├ 醤油 … 小さじ1/3
　├ コショウ … 少量
　└ 日本酒 … 大さじ2
小麦粉 … 大さじ2
片栗粉 … 大さじ4
揚げ油（サラダ油）… 適量（約500cc）

作り方

1. 鶏肉は筋切りをして切り開き、厚みを揃えて8〜10等分に切り分ける。
2. トマトは5mm厚さに切る。キャベツ、ニンジン、大葉はせん切りにしてひとつのボウルに合わせ、水洗いしておく。
3. ニンニクと生姜はみじん切りにする。
4. 1にAとニンニク、生姜を加えてよくもみ込んで下味をつけ（a）、小麦粉を加えてしっかり混ぜ（b）、更に片栗粉を入れてさっくり混ぜる（c）。
5. 鍋に500ccほどのサラダ油を入れて火にかけ、140℃ほどの低温から4を入れ（d）、徐々に温度を上げながらじっくりと揚げ（e）、表面がカリッとしてきたら（f）油をしっかり切って器に盛り、2のトマトと水気を切ったせん切り野菜を添える。

ポイント

・鶏肉の下味に水分（酒）を加えておくと、肉がパサつかない。
・低めの温度の油から入れて、じっくり揚げると表面がカリカリに揚がる。

揚げ肉団子

レンコンは、すりおろしたものの他に
みじん切りを入れて、食感を加えます。

材料（2人分）

豚挽き肉 … 200g
レンコン … 1節（150g）
パプリカ（赤・黄） … 各1/4個
シイタケ … 1枚
レモン … 1/2個
A ┌ 酒（紹興酒または日本酒） … 大さじ2
　├ 塩 … 小さじ1/5
　├ コショウ … 少量
　├ オイスターソース … 小さじ1/3
　├ 醤油 … 小さじ1/3
　└ 片栗粉 … 大さじ1
B ┌ 塩 … 小さじ1/4
　└ 中国山椒の粉（花椒粉。
　　　日本の粉山椒でも可） … 1つまみ
揚げ油（サラダ油） … 適量

作り方

1. レンコンは皮をむいて3等分に切り、1/3をみじん切りにし、2/3をすりおろす。レモンは薄切りにし、パプリカとシイタケは2cm角に切る。

2. 豚挽き肉と1のすりおろしたレンコンをボウルに合わせてよく混ぜ、Aを加えて混ぜた後、みじん切りのレンコンを加えてさっくりと混ぜる(a)。

3. 鍋に揚げ油（サラダ油）を入れて火にかけ、180℃ほどの高温になったら、2を団子状にして入れて揚げる(bc)。

4. 肉団子に火が通り、表面が茶色く色づいたら取り出して油を切る(d)。肉団子を取り出した後の油にパプリカとシイタケを入れて手早く油通しし(e)、取り出して油を切る。

5. 4が熱いうちにBをふって味つけ、器に盛り、レモンを添える。

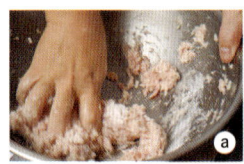

69

魚のから揚げ

コーンスターチをしっかりとまぶしつけ、
水分を閉じ込めて表面をカリッと揚げます。

材料 （2人分）

- サワラ … 160g
- レタス … 1/8 個
- 玉ネギ … 1/8 個
- ニンジン … 少量
- 生姜（みじん切り）… 5g
- ニンニク（みじん切り）… 1/2 粒分（3g）
- 長ネギ（みじん切り。p.63 参照）… 1/4 本分
- パセリ（みじん切り）… 適量
- A
  - 塩、コショウ … 各少量
  - コーンスターチ … 適量
- B
  - 上白糖 … 大さじ2
  - 酢 … 大さじ2
  - 醤油 … 大さじ2
  - 柚子果汁 … 大さじ1
- 揚げ油（サラダ油）… 適量（約 500cc）

作り方

1. サワラは皮つきのまま1切れ20gほどの切り身にし、Aの塩、コショウで下味をつけ、コーンスターチをしっかりとまぶしておく(a)。
2. レタス、玉ネギ、ニンジンはそれぞれせん切りにし、ひとつのボウルに合わせて水洗いしておく。
3. 別のボウルにBを合わせ、生姜、ニンニク、長ネギ、パセリを加えて合わせだれを用意する(b)。
4. 鍋に500ccほどのサラダ油を入れて火にかける。180℃ほどの高温になったら、1のサワラに霧吹きで水をかけて(c)油に入れ(d)、カリッと揚げて、油を切る。
5. 水気を切った2の野菜を器に敷き、4のサワラを盛りつけ、3のたれをかける。

ポイント

霧吹きで水をかけておくと、揚げている間の粉落ちを防ぐことができる。

えびのサクサクフリッター

衣に白玉粉を入れることで、サクサクの食感に。

材料（2人分）

エビ（ブラックタイガー）… 4尾（100g）
サラダミックス … 適量
A ┌ 塩 … 1つまみ
　└ 片栗粉 … 小さじ1/2
B ┌ 塩、コショウ … 各少量
　└ 片栗粉 … 適量
C ┌ 豆板醤 … 小さじ1/3
　│ ケチャップ … 大さじ2
　└ レモン果汁 … 小さじ1
D ┌ リンゴ酢 … 小さじ1
　└ 塩 … 少量
E ┌ 白玉粉 … 大さじ3
　│ 片栗粉 … 小さじ2
　│ 小麦粉 … 小さじ2
　│ 水 … 大さじ3
　│ ベーキングパウダー … 小さじ1/3
　└ サラダ油 … 小さじ1/4
揚げ油（サラダ油）… 適量（約500cc）

作り方

1. エビは殻をむいてAをまぶしてよくもみ、水洗いして汚れを落とし、ペーパータオルなどで水気をよく取る。背開きにして背ワタを取り（a）、Bの塩、コショウで下味をつけ、片栗粉をまぶす（b）。
2. Cを混ぜ合わせてソースを作り、小さな器に入れておく。
3. サラダミックスにDを加え、味つけをする。
4. ボウルにEを入れて混ぜ合わせ、衣を作る。
5. 鍋にサラダ油を入れて火にかけ、160℃ほどになったら、1のエビに尾を残して4の衣をつけて入れる（cd）。徐々に温度を上げ、衣がカリッとしてキツネ色になったら油を切り、器に盛りつける。3のサラダと2のソースを添える。

> **ポイント**
> 油の温度は中低温から入れる。高温だと衣だけ火が通り、中のエビに火が入らない。

蒸し物

セイロがあればけっこうですが、なければ普通の蒸し器でも、あるいは鍋やフライパンを利用しても作れます。素材の味を生かせるヘルシーな調理法ですから、気軽に作ってみてください。

鯛の白菜包み蒸し

豚肉とじゃがいも、かぼちゃの重ね蒸し

鯛の白菜包み蒸し

蒸すとパサつきがちな鯛を、白菜で包んで蒸します。
魚は鯛に限らず、ひらめやぶりなどでもけっこうです。

材料（2人分）

鯛（切り身）… 150g
白菜 … 2枚
長ネギ（細め）… 1本
A ┃ 塩、コショウ … 各少量
　 ┃ 酒（紹興酒または日本酒）… 小さじ1
B ┃ 甘醤油（九州の刺身醤油）… 大さじ1
　 ┃ コショウ … 少量
　 ┃ 白菜巻きの蒸し汁 … 大さじ2
ゴマ油 … 小さじ1

作り方

1．鯛の切り身に、Aで下味をつける。
2．白菜はゆでて、やわらかくなったら氷水に落として冷まし、葉の部分と芯の部分とに切り分ける。芯の部分は細切りにする（a）。長ネギは芯の部分を除いて、斜めに細切りにする。
3．1の鯛を2の白菜の葉で包み（b）、少し深さのある器にのせて（蒸し汁を使うため）、芯の部分も添える。蒸気の上がったセイロ（蒸し器）に入れて（c）、強火で6分蒸す。
4．3が蒸し上がったら、小さなボウルでBを混ぜ合わせる。
5．盛りつけ用の器に白菜の芯の部分をのせて、その上に蒸し上がった鯛を白菜から取り出して盛り、4のたれをかける。2の長ネギを添え、熱したゴマ油をネギの上からかける。

豚肉とじゃがいも、かぼちゃの重ね蒸し

味を絡めた素材を並べて蒸すだけですが、伝統ある四川料理の一品です。

材料 （2人分）

豚バラ肉（5mm 厚さ）… 90g
カボチャ … 50g
ジャガイモ … 50g

A
- 醤油 … 小さじ1
- 酒（紹興酒または日本酒）… 大さじ2
- 上白糖 … 小さじ 1/3
- おろし生姜 … 小さじ 1/3
- おろしニンニク … 小さじ 1/4

B
- 豆板醤 … 小さじ 1/3
- 甜麺醤 … 大さじ1
- 米粉（上新粉でもよい）… 大さじ2

作り方

1．5mm 厚さの豚バラ肉を、5cm 幅に切る。カボチャは種を除き、ジャガイモは皮をむき、それぞれ豚肉と同様の幅と厚さに切る (a)。

2．1をひとつのボウルに入れ、A を加えてよく混ぜた後、B を加えてしっかり全体を混ぜ合わせる (b)。

3．耐熱の器に2をジャガイモ、豚肉、カボチャの順に並べる。蒸気の上がったセイロ（蒸し器）に入れて (c)、強火で 15 分蒸す。

帆立貝と春雨の蒸し物

茶碗蒸し

スープ

中華料理のスープには、材料を合わせて長時間蒸したり煮込んだりするものもありますが、ここではご家庭でも作りやすい、比較的短時間で仕上がるものをご紹介します。鶏ガラスープをとるところからはじめたい方は、p.88 をご参考に。

フワフワかき玉スープ

茶碗蒸し

かつおだしのかわりに鶏ガラスープやオイスターソースを味つけに使った
中華風茶碗蒸し。作り方は日本の茶碗蒸しと同じです。

材料 （2人分）

鶏モモ肉 … 60g
干しシイタケ … 1枚
ギンナン（缶詰でも可）… 4粒
A
　卵 … 1個
　鶏ガラスープ（粗熱を取ったもの）
　　… 350cc
　塩 … 1つまみ
　酒（紹興酒または日本酒）… 大さじ1
　上白糖 … 小さじ1/3
　醤油 … 小さじ1/4
　オイスターソース … 小さじ1/4
　水溶き片栗粉 … 小さじ1

作り方

1. 干しシイタケは水に浸けて戻し、石づきを切り落として4等分に切る。鶏肉は一口大に切る。
2. Aをよく混ぜ合わせ、漉し網を使って漉す。
3. 1の材料とギンナンを下ゆでして器に入れ、2の卵液を注ぐ。蒸気の上がったセイロ（蒸し器）に入れ、強火で8分蒸し上げる。

帆立貝と春雨の蒸し物

下に敷いた春雨も、帆立の蒸し汁を吸っておいしくなります。

材料 （2人分）

ホタテ貝（殻つき）… 2個
春雨 … 15g（乾燥）
赤唐辛子（生。赤ピーマンでもよい）
　… 1/3本
香菜（シャンツァイ）… 適量
酒（紹興酒または日本酒）… 小さじ1/2
A
　上白糖 … 小さじ1/3
　醤油 … 小さじ1/2
　オイスターソース … 小さじ1/2
　レモン果汁 … 小さじ1/4
　鶏ガラスープ … 大さじ1

作り方

1. ホタテ貝は身を殻から取り出し、貝柱とヒモに分ける。ヒモは塩と片栗粉（分量外）を少量加えてもみ、流水で汚れを落とし、3〜4cm長さに切る。
2. 春雨は水に浸けて戻し、4〜5cm長さに切る。赤唐辛子は斜めに薄く切り、香菜は短めに手でちぎっておく。
3. ホタテの殻に2の春雨を敷き、上にホタテのヒモと貝柱をのせて酒をふりかけ、蒸気の上がったセイロ（蒸し器）に入れて、強火で3分蒸し上げる。
4. ボウルにAを合わせ、蒸し上がった3にかけ、赤唐辛子と香菜をのせる。

フワフワかき玉スープ

フワフワの卵がおいしい、やさしい味のかき玉スープ。

材料（2人分）

卵 … 1個
生姜 … 10g
ズワイガニ（缶詰）… 40g
鶏ガラスープ … 400cc
A ┌ 塩 … 2つまみ
　├ コショウ … 少量
　└ 酒（紹興酒または日本酒）… 小さじ2
水溶き片栗粉 … 大さじ1

作り方

1. 生姜は皮をむいてみじん切りに、ズワイガニの身は手でほぐしておく。
2. 卵はよく溶いておく。
3. 鍋に鶏ガラスープを入れて火にかけ、1の生姜とカニの身を入れる。沸いたらAで味つけをし(a)、一度火を止めてから水溶き片栗粉を加えて混ぜ(b)、再び火にかける。沸いてとろみがついたら2の卵を糸状に落としながら混ぜ(c)、スープに散らせたらでき上がり。

> **ポイント**
> とろみのつき方しだいで卵の散り方が変わる。水溶き片栗粉を入れたらしっかり沸かしてとろみをつけてから、卵を入れること。

豚肉と根菜のスープ

チンゲン菜と豚肉のスタミナスープ

豚肉と根菜のスープ

別添えのたれを加え、好みの味にしながら食べるスープ。味の変化が楽しめます。

材料 （2人分）

豚バラ肉（塊）… 90g
長イモ … 50g
レンコン … 50g
長ネギ（細め）… 1/2本
生姜 … 3g
昆布（5×5cm）… 1枚
万能ネギ（小口切り）… 2本分
鶏ガラスープ … 400cc

A
- 塩 … 2つまみ
- 酒（紹興酒または日本酒）… 大さじ1
- コショウ … 少量
- 中国山椒（四川花椒）… 1g

B
- 上白糖 … 小さじ1/2
- 酢 … 大さじ1
- 醤油 … 大さじ1/2
- 豆板醤 … 小さじ1/3
- ゴマ油 … 小さじ1/4

作り方

1. 豚肉は一口大に切り、長イモとレンコンは皮をむいて厚めのイチョウ切りにする。長ネギは斜め薄切りにし、生姜は皮をむいて小さめの薄切りにする。
2. 昆布は水に浸けてしっかり戻し、1cm角に切る。
3. 鍋に鶏ガラスープと1、2の材料を入れて火にかける(a)。沸いたらAを加えて味つけし(b)、弱火で10分ほど煮込む(c)。
4. ボウルにBを入れてよく混ぜ合わせ、小さな深めの器に入れて万能ネギを加える。
5. 3の材料に火が通ったら器に盛りつけ、4を添える。

チンゲン菜と豚肉のスタミナスープ

すっきりした塩味にニンニクでコクをプラスした、中華風の豚汁です。

材料 （2人分）

豚バラ肉（スライス）… 100g
ニンニク … 3粒
チンゲン菜 … 1株
木綿豆腐 … 1/3丁（120g）
タカノツメ … 2本
A[鶏ガラスープ … 400cc
　 塩 … 2つまみ
　 コショウ … 少量
　 酒（紹興酒または日本酒）… 大さじ1
　 醤油 … 小さじ1/3

作り方

1. 豚肉は2cm幅に切り、ニンニクは皮をむいて2〜3等分に切る。チンゲン菜は2cm幅のざく切りにし、豆腐は2cm角に切る。
2. 鍋にニンニク、豚肉、タカノツメを入れて炒める。豚肉に火が通ったらAを入れて3〜4分煮込み、チンゲン菜と豆腐を加えて更に2分ほど煮たらでき上がり。

サンラータン

鶏肉のフワフワおぼろスープ

サンラータン

酸っぱくて辛い味がクセになるスープ。本来は細切りにした豆腐を使いますが、
崩れやすいのが難点。ここではエノキを使い、より簡単に作れるようにしました。

材料 （2人分）

エノタケ … 30g
小松菜 … 2株（60g）
大豆（水煮）… 40g
鶏ガラスープ … 400cc
A ┌ 酒（紹興酒または日本酒）… 大さじ1
　├ 醤油 … 大さじ1½
　├ コショウ … 適量（多め）
　├ 塩 … 1つまみ
　└ ラー油 … 大さじ1/2
B ┌ 水溶き片栗粉 … 大さじ1½
　└ 酢 … 大さじ1⅓

作り方

1. エノキと小松菜の茎の部分は1cm幅に切り、小松菜の葉の部分は1cm角に切る。
2. 鍋に鶏ガラスープを入れて火にかけ、大豆とエノキを入れてAを加えて味つけ(a)、小松菜の茎と葉を加えて(b)、火を止める。
3. 2にBの水溶き片栗粉を加えて混ぜ(c)、再び火にかける。しっかり沸かしてとろみをつけたら火を止め、酢を加えてでき上がり(d)。

> **ポイント**
> 酸味とともに辛さも特徴のスープなので、コショウは多めにしたい。好みにもよるが、ここでは20ふりほど加えている。

鶏肉のフワフワおぼろスープ

鶏胸肉に卵白などを加えて作ったペーストを、
熱したスープに入れてゆっくり火を入れてフワフワに。

材料 （2人分）

鶏胸肉（皮なし）… 120g
卵白 … 2個分
A ┃ 鶏ガラスープ … 200cc
　 ┃ 片栗粉 … 小さじ1
B ┃ 酒（紹興酒または日本酒）… 小さじ2
　 ┃ 塩 … 2つまみ
　 ┃ コショウ … 少量
C ┃ 鶏ガラスープ … 400cc

作り方

1. 鶏肉は一口大に切る。
2. Aの鶏ガラスープは粗熱を取っておく。
3. 1と卵白を合わせてミキサーにかけ、8割程度混ざったら2のスープと片栗粉を加えて (a) しっかりとペースト状になるまでかくはんする。Bを加えて軽くミキサーをまわし、味をつける (b)。
4. 鍋にCを入れて火にかける。沸いたら、3を少しずつ3回くらいに分けて、混ぜながら加えていく (c)。
5. 3をすべて入れ終えたら、沸騰しない程度の火力で3分ほど煮てでき上がり。

> **ポイント**
> スープを煮立てずにゆっくりと火を入れるのがポイント。鶏肉がフワフワにまとまり、スープが澄んでくる (d)。

鶏ガラスープ（中華スープ）のとり方

安価な鶏手羽を使い、ご家庭で簡単にとれるスープです。

材料（作りやすい量）

鶏手羽先 … 6本
長ネギ（青い部分でもよい）… 2本分
生姜（皮のみでもよい）… 約20g
紹興酒（なければ日本酒）… 大さじ2

ポイント
・グラグラと煮立たせず、液面がポコポコするくらいの弱火でじっくり煮る。
・上に浮いてくる脂は、旨み脂なので活用するとよい。
・でき上がったスープは、必ずしも漉さなくてよい（更にだしが出るので）。

作り方

1. 手羽先は、太い骨と細い骨の間に包丁で数ヵ所切り目を入れ、だしが出やすいようにしておく (a)。関節のところを折ると（タオルなどを使えばすべりにくい）、よりだしが出る (b)。

2. 鍋に水1.5ℓを入れて火にかけ、沸騰したら1の手羽先、紹興酒、長ネギと生姜を入れる（ネギと生姜は、軽くもんでから入れるとより香りが移りやすくなる。cd）。

3. 再び沸騰したら弱火にし、アクを除きながら20～30分程度火にかけてでき上がり (e)。ネギや生姜を取り除く (f)。

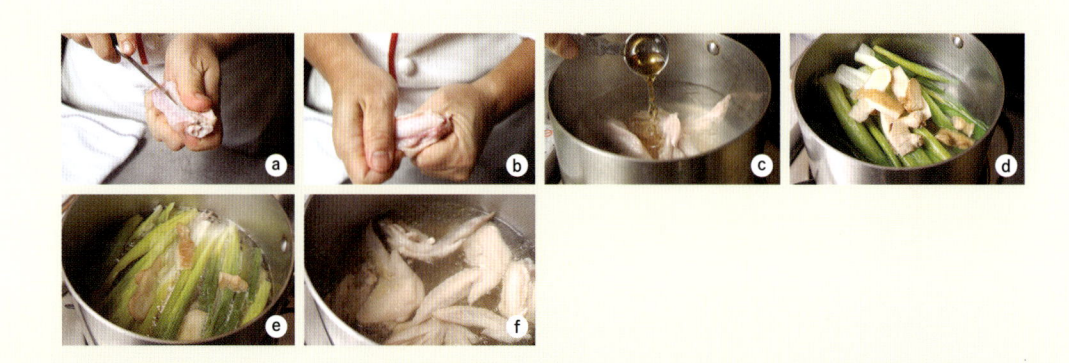

中華料理名人になる

その三

点心

酒の肴

デザート

餃子、シュウマイ、春巻き…などの点心は、大人にも子供にも人気の定番料理。作り方をていねいにご紹介しましたので、ぜひチャレンジしてみてください。お酒に合うおつまみ向きの料理とデザートは、おもてなしにも役立ちます。

点心

点心とは、お腹が空いたときに食べる少量の食べ物を指し、軽食、間食にあたるものです。甘いものと甘くないものとがあり、日本でもおなじみの餃子、シュウマイ、春巻きなども、すべてこの点心に分類されます。

焼き餃子

冷凍品も出回っている焼き餃子ですが、手作りするとやっぱりおいしい。
皮は市販のものを使えば簡単です。

材料（2人分）

豚挽き肉 … 200g
キャベツ … 150g
ニンニク … 1粒
生姜 … 5g
長ネギ（みじん切り。p.63 参照）… 大さじ2
餃子の皮（市販）… 10枚
A ┌ 塩 … 小さじ 1/4
　├ コショウ … 少量
　├ 醤油 … 小さじ 1/3
　├ 酒（紹興酒または日本酒）… 大さじ1
　├ 鶏ガラスープ … 大さじ1
　└ オイスターソース … 小さじ 1/2
片栗粉 … 大さじ1
サラダ油（焼き用）… 小さじ 1/2
サラダ油（仕上げ用）… 小さじ 1/2

作り方

1. キャベツ、ニンニク、生姜はそれぞれみじん切りにする。
2. ボウルに豚挽き肉と長ネギ、生姜を入れて混ぜ合わせ、Aを加えてよくこねる (a)。
3. 2にキャベツと片栗粉を加え、更に混ぜる (b)。
4. 3のあんを1個分30gに分け、餃子の皮の中央にのせる (c)。皮の縁に水をつけ (d)、端からつまんでひだを寄せながら包んでいく (e〜h)。
5. フライパンに小さじ 1/2 のサラダ油を敷き、4の餃子を入れて強火にかける。チリチリと音がしてきたら、水を80ccほど加えて (i) 蓋をし、中火で7〜8分蒸し焼きにする (j)。
6. 5の水分が飛んだら、仕上げ用のサラダ油を鍋肌から加え (k)、再び強火で1分ほど焼いてでき上がり。

> **ポイント**
> 焼いているときに肉汁が外に出ないように、しっかりと皮を閉じる。

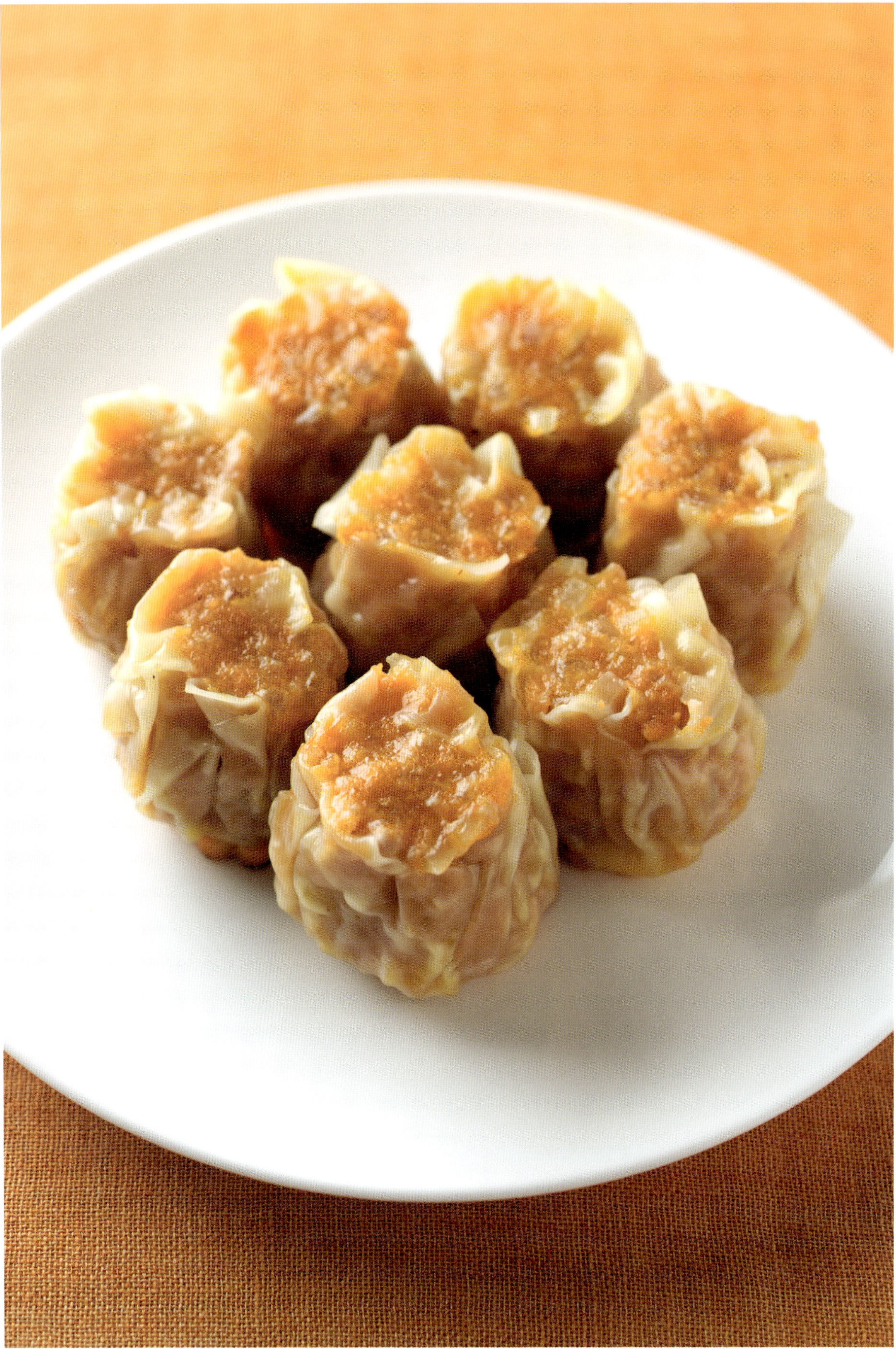

豚肉シュウマイ

すりおろしたにんじんを加えて、きれいなオレンジ色に。
蒸し器を使わずに、フライパンで簡単に蒸す方法をご紹介します。
にんじんの台の上にのせて蒸せばお皿も必要なく、
ちょうどよく蒸されたにんじんも一緒に食べられます。

材料（2人分）

豚挽き肉 … 100g
玉ネギ … 100g
ニンジン … 1/2本
シュウマイの皮（市販）… 12枚
A ┃ 塩 … 小さじ 1/3
　┃ 上白糖 … 小さじ 1/2
　┃ コショウ … 少量
　┃ 醤油 … 小さじ 1/3
　┃ オイスターソース … 小さじ 1/2
　┃ おろし生姜 … 小さじ 2/3
　┃ 溶き卵 … 大さじ 2
片栗粉 … 大さじ 3

ポイント
・玉ネギはできるだけ形を揃えて切る。刻みすぎると水分が出てくるので注意。
・シュウマイに火が通ったのを確認するには、竹串などを刺してみる。竹串の先が熱くなっていれば、中心まで火が通っている。

作り方

1. 玉ネギは2mm角ほどのみじん切りにする。
2. ニンジンは皮をむき、1cm厚さの輪切りにし、直径5cmほどの抜き型で抜く。余った部分はおろし金ですりおろす。
3. 豚挽き肉をボウルに入れ、2のすりおろしたニンジンの水気を軽く絞って加えてよく混ぜ、Aを入れて混ぜる (a)。
4. 1の玉ネギに片栗粉をまんべんなくまぶし (b)、3に加えて混ぜる (c)。
5. 4のあん35gを1個分とし、シュウマイの皮にヘラなどでのせる (d)。あんにヘラを刺してひっくり返し、皮の上から手で軽く握って形作り、ヘラを抜いて上面を平らに整える (e〜g)。
6. 2の型抜きしたニンジンの上に5のシュウマイをおいてフライパンに並べ、150〜180ccの水を張って火にかけ (h)、蓋をする。沸騰したら中火にし、約10分蒸し上げる。
7. 火が通ったのを確認し、ニンジンごと器に盛りつける。

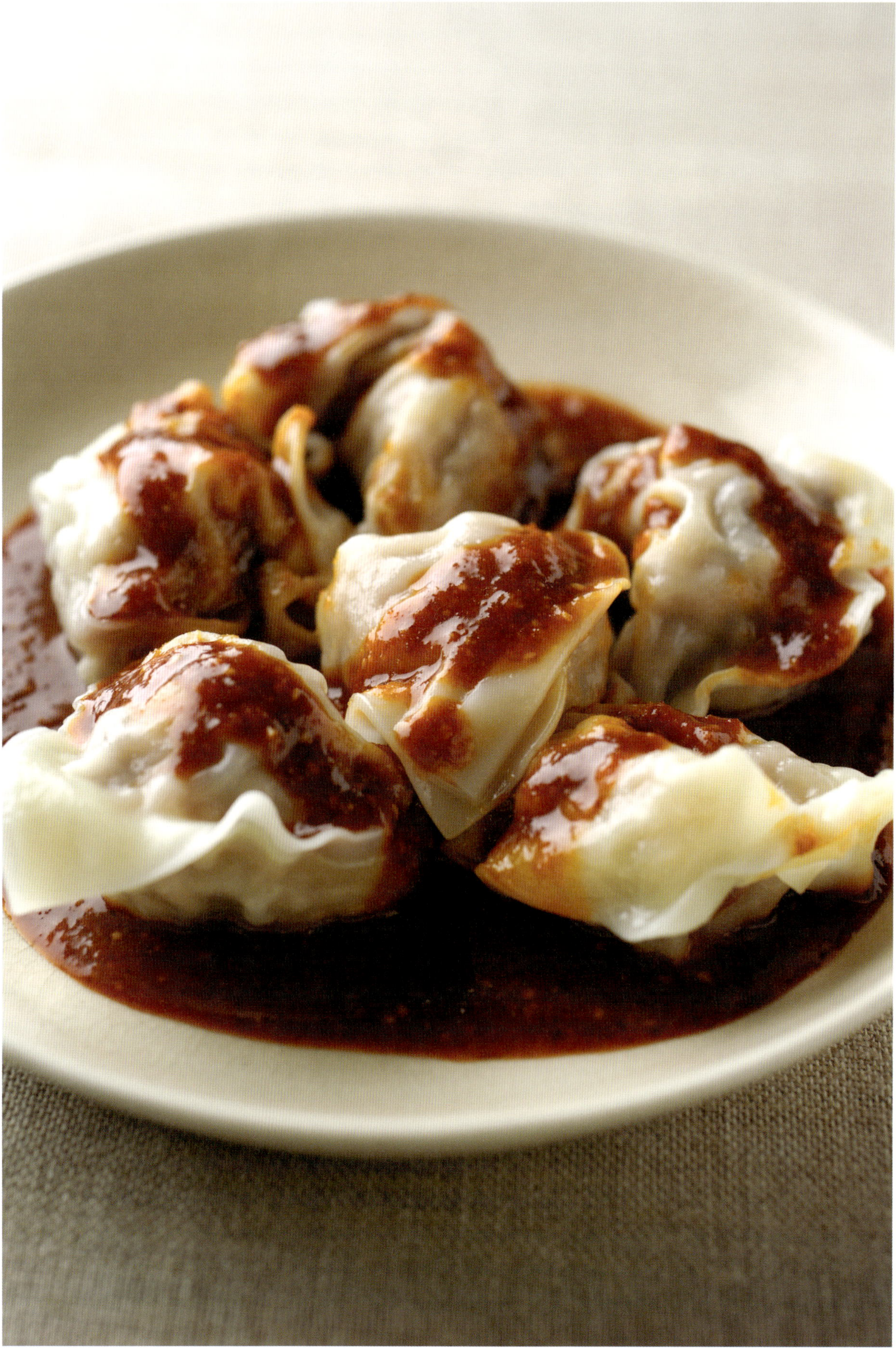

ピリ辛ゆでワンタン

砂肝と大豆の食感がおいしいアクセント。
ゆで上げたものに、ラー油をきかせたピリ辛のたれをたっぷりかけてどうぞ。

材料（2人分）

豚挽き肉 … 120g
大豆の水煮（缶詰でもよい）… 40g
鶏砂肝 … 50g
ワンタンの皮（市販）… 12枚
A ┌ 塩 … 小さじ1/4
  │ コショウ … 少量
  │ おろし生姜 … 小さじ1/3
  │ 醤油 … 小さじ1/3
  └ 酒（紹興酒または日本酒）… 大さじ2
片栗粉 … 大さじ1
ゴマ油 … 小さじ1/2
B ┌ おろしニンニク … 小さじ1/4
  │ 甘醤油（九州の刺身醤油）… 大さじ1
  │ 酢 … 小さじ1/3
  │ 芝麻醤（ゴマペースト）… 大さじ1½
  └ ラー油 … 大さじ1

作り方

1. 鶏砂肝は5mm角に切る。大豆は水気を切っておく。
2. 豚挽き肉と1の砂肝をボウルに合わせ、Aを加えてよくこねる（a）。片栗粉、ゴマ油、1の大豆を加えて更にしっかり混ぜておく（b）。
3. 2のあんを1個分20gに分け、ワンタンの皮の中央にのせて（c）、皮の縁に水をつけ、対角線で半分に折りたたむ。最初に三角形の頂点をつまんで閉じてから、両側の辺を閉じていく（d）。最後に皮の上からあんのまん中を指で軽く押し、ふくらみを少しつぶしておく（e）。三角形の両角をねじって合わせる（f〜h）
4. 沸騰した湯で3を3分ほどゆでて、器に盛る。Bを混ぜ合わせたたれ（i）をかける。

えびシュウマイ

豚挽き肉にえびを加えて作ります。
えびの赤、コーンの黄色、枝豆のグリーンをきかせて色味も美しく。

材料（2人分）

豚挽き肉 … 120g
むきエビ … 12尾（60g）
ホールコーン … 30g
むき枝豆（グリーンピースでもよい）… 30g
片栗粉 … 大さじ2
シュウマイの皮（市販）… 12枚
A ┌ 塩 … 小さじ1/4
　│ 上白糖 … 小さじ1/3
　│ コショウ … 少量
　│ 醤油 … 小さじ1/4
　│ オイスターソース … 小さじ1/3
　│ おろし生姜 … 小さじ1/2
　└ 酒（紹興酒または日本酒）… 大さじ2

作り方

1. むきエビは、少量の塩と片栗粉（分量外）を加えてよくもんで、水洗いして汚れを落とし、ペーパータオルなどで水気を取り、1cm幅に切る。
2. ボウルに豚挽き肉を入れ、1のエビを入れて混ぜ、Aを加えてよくこねる。
3. 別のボウルにホールコーンとむき枝豆を合わせて片栗粉を加えてまぶし、2に加えて混ぜ合わせる。
4. シュウマイの皮で3のあんを包む（包み方はp.93「豚肉シュウマイ」参照）。蒸気の上がったセイロ（蒸し器）に入れ、約10分蒸す。

ゆでワンタン

スープに入れて食べる、ポピュラーなゆでワンタンです。
ツルッとした食感がおいしい。

材料 （2人分）

豚挽き肉 … 100g
香菜（シャンツァイ） … 1株 (5g)
ザーサイ（味つき） … 20g
トマト … 1/2個
長ネギ（みじん切り。p.63参照） … 1/4本分
ワンタンの皮（市販） … 12枚

A
- 塩 … 小さじ 1/4
- コショウ … 少量
- 醤油 … 小さじ 1/3
- オイスターソース … 小さじ 1/4
- 酒（紹興酒または日本酒） … 大さじ 2
- ゴマ油 … 小さじ 1/2
- 片栗粉 … 大さじ 1 1/2

B
- 鶏ガラスープ … 400cc
- 醤油 … 小さじ 1/4
- 上白糖 … 1つまみ
- コショウ … 少量
- 酒 … 大さじ 1
- 塩 … 2つまみ
- ゴマ油 … 小さじ 1/3

作り方

1. 香菜、ザーサイは細かいみじん切りにする。トマトは一口大のくし形に切る。

2. 豚挽き肉をボウルに入れ、片栗粉以外のAを加えて混ぜた後、片栗粉を加えてよくこね、1の香菜とザーサイ、長ネギを入れて混ぜ合わせ、あんを作る。

3. 2のあんを1個分15gに分け、ワンタンの皮の中央にのせ、まわりの皮をまとめてひとつに絞って包み、沸騰した湯に入れて3分ゆでる。火からおろしてそのままおいておく。

4. 別鍋にBを入れて火にかけ、沸いたら湯を切った3のワンタンとトマトを入れてでき上がり。

> **ポイント**
> ゆでたワンタンは湯から上げてしまうとやぶれたり、くっついてしまう可能性があるので、湯に入れたままにしておく。

春巻き

少々難易度の高い春巻きですが、ポイントをいくつか抑えると、
上手に作れるようになります。

材料（10本分）

具
- 豚バラ肉（スライス）… 80g
- タケノコの水煮 … 40g
- 干しシイタケ … 2枚
- キャベツ … 150g
- 春雨 … 10g（乾燥）
- 長ネギ（細め）… 1/2本

春巻きの皮 … 10枚

A
- 塩 … 小さじ1/5
- コショウ … 少量
- 酒（紹興酒または日本酒）… 小さじ1
- 片栗粉 … 大さじ1

B
- 薄力粉 … 大さじ2 1/2
- 水 … 大さじ2

C
- 鶏ガラスープ … 240cc
- 上白糖 … 小さじ2
- 酒（紹興酒または日本酒）… 小さじ2
- 醤油 … 大さじ1 1/3
- コショウ … 少量
- オイスターソース … 小さじ1/3

D
- 水溶き片栗粉 … 大さじ2 1/2
- ゴマ油 … 小さじ1/2

揚げ油（サラダ油）… 適量

作り方

【具を作る】

1. 干しシイタケと春雨は、それぞれ水に浸けてしっかり戻しておく。

2. 具の材料は、すべて5cm長さほどの細切りにする（豚肉とキャベツは火が入ると縮むので、6〜7mm幅に切る）。

3. 豚肉をボウルに入れ、Aの塩、コショウ、酒を加えて混ぜ、片栗粉を加えて混ぜる（a）。

4. Bを合わせ、接着用の「のり」を作る。

5. フライパンに3の豚肉を入れて火にかけて炒め（b）、8割程度火が通ったら干しシイタケ、長ネギ、タケノコ、キャベツを入れて軽く炒め（c）、春雨とCを入れて軽く煮る（d）。

6. 材料がしんなりしたらいったん火を止め、Dの水溶き片栗粉を加えて再び火にかけ、強めにとろみをつける（ef）。香りづけのゴマ油を加えて混ぜ、バットなどに取り出して冷ましておく（g）。

【包んで揚げる】

7. 6の具60gを1本分として、春巻きの皮の、中央より手前側に横長におく（h）。手前の皮を具にかぶせ、向こう側に1回転させ、しっかりと形作る。両端の皮を折りたたみ、再び向こう側にフワッと転がす。残った皮の縁に4ののりをつけ、ゆるく巻き上げる（i〜m）。

8. 鍋に、春巻きの2/3の高さまで浸かるくらいのサラダ油を入れて火にかけ、低温のうちから7を入れ（n）、キツネ色になるまで揚げていく（o）。油を切る。

ポイント

・具に片栗粉でしっかりとろみをつけておかないと、上手に揚がらない。
・のりをしっかりつけて密着させておかないと、揚げているときに中に油が入って油っぽくなる。また、あまりきつく巻きすぎると、パリパリに揚がらない。巻きはじめは形を整えるようにしっかり巻き、あとはフワッと空気を抱き込むように巻くのがポイント。
・春巻きを入れたときに、泡が立たないくらいの低温から、ゆっくり揚げていくと、油から上げてもしぼまない春巻きになる。

具を作る

包んで揚げる

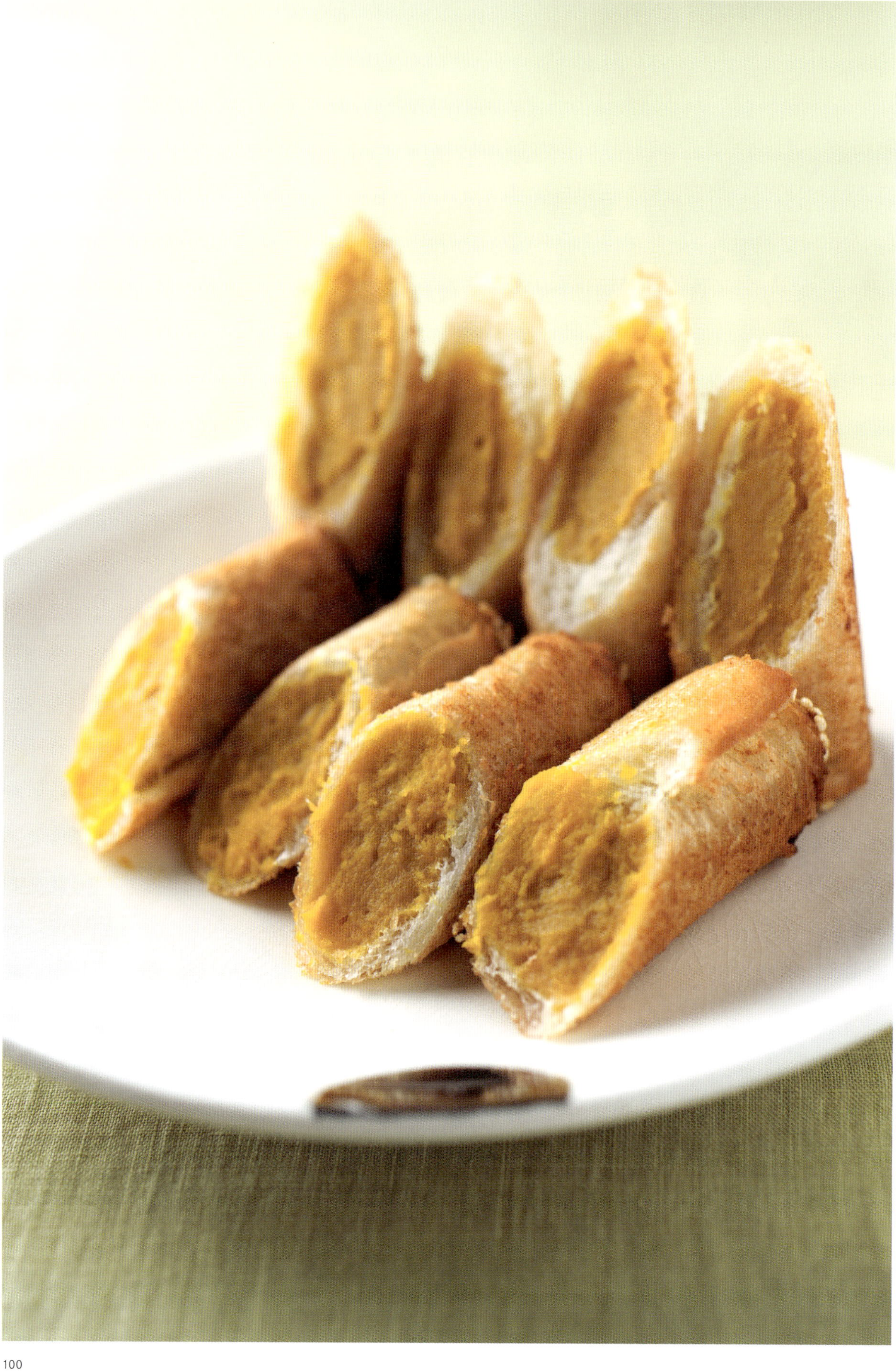

かぼちゃ入り揚げトースト

甘い点心です。おやつやお茶受けにどうぞ。

材料（2人分）
カボチャ … 1/8 個（種を除いて 200g）
サンドイッチ用パン … 4 枚
白ゴマ … 適量
片栗粉 … 適量
A ┌ 塩 … 2 つまみ
　└ コンデンスミルク … 大さじ 3
B ┌ 薄力粉 … 大さじ 2 ½
　└ 水 … 大さじ 2
揚げ油（サラダ油）… 500cc

作り方

1. カボチャは皮をむいて一口大に切り、やわらかくなるまでセイロ（蒸し器）で蒸す。裏漉してボウルに入れ、Aを加えて混ぜ、ペースト状にする(a)。
2. 別のボウルにBを合わせ、接着用の「のり」を作る。
3. サンドイッチ用のパンを、麺棒で半分ほどの厚さになるようにのばす(b)。
4. 3の片面に片栗粉をまぶす。片栗粉をまぶした面を上にしておき、中心より手前側に1のペーストを横長におく（絞り袋あれば、使用するとよい）。向こう端の部分に2ののりをつけ(c)、手前から奥へ巻いて(d)、最後はのりでとめる。両脇の開いた部分に、ヘラなどでカボチャのペーストを足して平らに整え(e)、白ゴマをつける(f)。
5. フライパンにサラダ油を入れて火にかけ、中温（160℃）から4を入れて揚げていく(g)。キツネ色になれば取り出し、油を切る（中身は火が通っているので、表面だけ色づけばよい）。

酒の肴

晩酌のお供にぴったりの肴を集めました。紹興酒はもちろん、日本酒や焼酎などお好みのお酒と合わせてどうぞ。もちろん、ご飯のおかずにも。

春雨と野菜のからし和え

温かくても、冷めてもおいしい前菜です。
ライスペーパーで巻いて生春巻きにしても。

材料（2人分）

- 春雨 … 25g（乾燥）
- ニンジン … 2cm（20g）
- キュウリ … 1/2本（40g）
- ロースハム（スライス）… 1枚
- キクラゲ … 2g
- エノキタケ … 30g
- もやし … 30g
- A
  - 練りガラシ … 小さじ1
  - 酢 … 大さじ1
  - 醤油 … 小さじ1½
  - 上白糖 … 小さじ1/4
  - ゴマ油 … 小さじ1/4

作り方

1. 春雨は水に浸けて戻し、5cm長さに切る。ニンジン、キュウリ、ハムは細切りにする。キクラゲは水に浸けて戻し、細切りにする。エノキは石づきを切り落としてほぐす。
2. もやし、春雨、ニンジン、きくらげ、エノキを、沸騰した湯でさっとゆでてザルにあけ、水気を切る（a）。
3. ボウルにAを入れてよく混ぜ合わせてから、キュウリとハム、2の材料を入れて和える（b）。

ポイント

素材の形（太さ、長さ）を揃えることで、見た目、食感ともによくなるので、ていねいに切る。

ゆで豚おつまみチャーシュー

作っておくと便利なゆで豚チャーシューを使った、
簡単おつまみです。

材料 （2人分）

ゆで豚チャーシュー（p.48参照）… 200g
ゆで豚チャーシューの漬け野菜（p.48参照）
　… 50g
長ネギ（細め）… 1/2本
セロリ … 1本
ゆで豚チャーシューの漬け汁（p.48参照）
　… 大さじ3

作り方

1. ゆで豚チャーシューを5mm厚さに切り、フライパンで煎り焼いて（a）、器に盛る。
2. 長ネギとセロリは斜め切りにし、チャーシューの漬け野菜は食べやすい大きさに切る。すべてをボウルに合わせて軽く和え、1の上に盛りつけ、チャーシューの漬け汁を全体にかける。

ポイント
薄切りにしたゆで豚チャーシューを、煎り焼いて脂を溶かすことでおいしさが増す。

たことセロリのねぎソース和え

紅白なますとクラゲの和え物

ぶりの紹興酒漬け

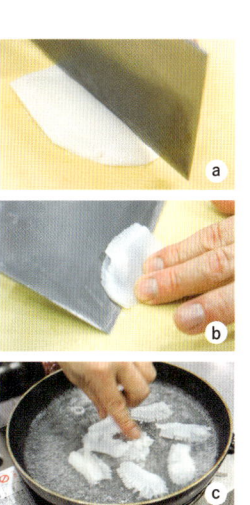

いかの湯引き 旨醤油がけ

紅白なますとクラゲの和え物

中華料理ならではの甘酢漬け。醤油を入れなければ白っぽくすっきりと、
醤油を入れるとコクのある味わいになります。

材料（2人分）

大根 … 150g
ニンジン … 100g
クラゲ（塩漬け）… 150g
塩 … 小さじ1/4
A ┌ 上白糖 … 大さじ2
　├ 酢 … 大さじ3
　└ 醤油 … 大さじ2
ゴマ油 … 小さじ1/2

作り方

1．大根、ニンジンはそれぞれ2mm角の太さ、4cmほどの長さの細切りにする。
2．クラゲは水にさらして塩抜きし、水気を切って4cmほどの長さに切る。
3．1と2をボウルに合わせ、塩を加えてよくもみ、水気をペーパータオルなどで取り除く。
4．Aを合わせてたれを作る。
5．3に4のたれの半量を加えて和えたら、一度たれを切り、残りのたれを加えて味を調え、仕上げにゴマ油を加える。

> **ポイント**
> たれを加えると素材から水分が出てくる。たれを2度に分けて加えることで、しっかりと素材に吸わせることができる。

たことセロリのねぎソース和え

このねぎソースは、海鮮、肉、いろいろな素材との相性がいい万能ソースです。

材料（2人分）

ゆでダコ … 120g
セロリ … 1本
キュウリ … 1/3本
トマト … 1/2個
万能ネギ（みじん切り）… 15g
生姜（みじん切り）… 5g
塩 … 適量
A ┌ 酢 … 小さじ1
　├ 上白糖 … 小さじ1/3
　├ 塩、コショウ … 各少量
　└ オリーブ油 … 小さじ2

作り方

1．タコは一口大に切る。セロリは皮をむき、繊維を断ち切るように斜め薄切りにする。キュウリは皮つきのまま縦半分に切り、種を除いてセロリと同様に斜めに切る。トマトは2cm角に切る。
2．万能ネギ、生姜、Aをボウルに合わせてソースを作る。
3．1のセロリとキュウリは軽く塩もみし、水気を切り、タコと合わせて2のソースを加え、もむようにして味を入れ、最後にトマトを加える。

> **ポイント**
> 万能ネギと生姜はできるだけ細かく切ると、香りが出て風味がよくなる。ミキサーにかけると、また違った感じになる。

ぶりの紹興酒漬け

脂ののったぶりに、紹興酒風味がよく合います。

材料 （2人分）

ブリ（皮なしの切り身）… 150g
大葉 … 2枚
A ┃ 紹興酒 … 大さじ3
　┃ 醤油 … 大さじ3
　┃ みりん … 大さじ3
　┃ 上白糖 … 大さじ1½

作り方

1. ブリは1cm角に切る（刺身用のスライスであればそのまま使用する）。
2. Aをボウルに合わせてたれを作り、1のブリを漬けて(a)、冷蔵庫に1〜2時間入れておく。器に盛り、大葉を添える。

いかの湯引き 旨醤油がけ

いかをさっと湯引きして、たれをかけます。細かく入れた切り目がおいしさのポイント。

材料 （2人分）

イカ（むき身）… 150g
ホウレン草 … 2株（50g）
カブ … 1個
A ┃ 甘醤油（九州の刺身醤油）… 大さじ1
　┃ 鶏ガラスープ … 大さじ2
　┃ 上白糖 … 小さじ1/3
　┃ レモン果汁 … 小さじ1/2
　┃ オリーブ油 … 大さじ1
　┃ 豆板醤 … 小さじ1/4

作り方

1. ホウレン草は軸を除いて3cm幅に切り、よく水洗いする。カブは表面をきれいに洗い、皮つきのまま半分に切り、3mm厚さに切る。
2. イカは表面に縦1mm幅の浅い切り目を入れた後(a)、縦4cm幅のサクに切る。切ったイカを横にしておき、包丁を斜めに薄く入れて2刃めで切り落とす(b)。
3. 鍋に湯を沸かして1の野菜を入れてゆで、湯から引き上げて水気を切り、器に盛る。同じ鍋に2のイカを入れて火を通したら(c)、水気を切って野菜の上に盛りつける。
4. ボウルにAを合わせてソースを作り、3にかける。

> **ポイント**
> イカに切り目を入れて薄く切ることで、食べたときにやわらかく感じられ、味も絡みやすくなる。

ゆで鶏のねぎ柚子こしょうソース

鶏手羽先のはちみつオーブン焼き

砂肝とレバーのピリ辛おろし和え

鶏レバーの甘辛煮

ゆで鶏のねぎ柚子こしょうソース

p.54 の「鶏そば」にも使用したゆでささみを使います。ねぎをたっぷり使った柚子こしょう風味のソースがおいしい。

材料 （2人分）

鶏ササミ … 2本
長ネギ（太めのもののみじん切り。p.63 参照）
　… 1本分
生姜（みじん切り）… 3g
レモン … 1/2 個
A ┌ 酒（紹興酒または日本酒）… 大さじ1
　├ 上白糖 … 小さじ 1/3
　├ 塩 … 小さじ 1/3
　└ 柚子こしょう … 小さじ2
オリーブ油 … 大さじ3
B ┌ 酒 … 大さじ2
　├ 塩 … 1つまみ
　├ 上白糖 … 1つまみ
　└ コショウ … 少量

作り方

1. 鶏ササミは p.54 の「鶏そば」の作り方 2、3 を参照して加熱し、糸状に裂いておく。
2. 長ネギと生姜のみじん切りをボウルに入れて混ぜ合わせ、A を加えて味つける。
3. レモンは2mm 厚さに切る。
4. オリーブ油を鍋に入れて火にかけ、煙が出るまで熱して 2 にかける (a)。
5. 1 のササミに B を加えて味つけし、器に盛る。上から 4 のソースをかけ、レモンを添える。

> **ポイント**
> 油を高温に熱するので、熱している途中で決して目を離さず、煙が出たタイミングで火を止める。

鶏手羽先のはちみつオーブン焼き

はちみつ入りの漬けだれで、こんがりおいしそうな照りがつきます。

材料 （2人分）

鶏手羽先 … 6本
レタス … 1/4 個
レモン … 1/2 個
A ┌ 酢 … 小さじ2
　├ ハチミツ … 大さじ 1 1/2
　├ 醤油 … 大さじ 1 1/2
　├ 豆豉（トウチ）… 小さじ 1/2
　├ 酒（紹興酒または日本酒）… 大さじ1
　└ オイスターソース … 大さじ 1 1/2

作り方

1. 鶏手羽先の先端側は、関節のところにハサミを入れて切り落とす。
2. 大きめのボウルに A を合わせて 1 の手羽先を漬ける。ときどき表裏を返しながら3時間ほど漬け込む (a)。
3. レタスは一口大に手でちぎって水洗いし、水気を切って器に盛りつける。くし形に切ったレモンを添える。
4. 2 の手羽先をたれから引き上げてオーブン用の天板に並べ、180℃のオーブンで 12 分焼き上げ、3 の器に盛る。

> **ポイント**
> 焼き上げたものに漬けだれを少し塗ると、きれいに見える。

鶏レバーの甘辛煮

少ない調味料を濃いめに合わせ、短時間で仕上げます。
2日くらいなら冷蔵保存も可能。

材料（2人分）

鶏レバー … 250g
こんにゃく … 120g
乾燥唐辛子 … 1本
八角 … 2個
A ┌ 上白糖 … 大さじ2
　├ 酢 … 大さじ3
　├ 醤油 … 大さじ1½
　└ みりん … 大さじ2
ゴマ油 … 小さじ1/4

作り方

1．こんにゃくは包丁の腹などでしごき、格子状に切り目を入れた後2cm角に切り、一度ゆでてザルにあけ、水気を切っておく。
2．鶏レバーは3cm幅くらいに切り、一度ゆでてザルにあけ、水気を切っておく。
3．鍋にAと唐辛子、八角を入れて火にかける。沸いてきたら1のこんにゃくと2のレバーを入れて弱火にし、10～15分煮る。仕上げにゴマ油をまわしかけてでき上がり。

> **ポイント**
> 香りが飛んでしまうので、ゴマ油は火を止めてから加える。

砂肝とレバーのピリ辛おろし和え

ラー油をきかせたピリ辛の大根おろしで、砂肝とレバーがさっぱりと食べられます。

材料（2人分）

鶏砂肝 … 70g
鶏レバー … 120g
万能ネギ … 3本
大根 … 1/4本（100g）
A ┌ 塩、コショウ … 各少量
　└ ゴマ油 … 小さじ1/4
B ┌ 醤油 … 大さじ1
　├ 酢 … 大さじ1½
　├ 上白糖 … 小さじ1
　└ ラー油 … 小さじ2

作り方

1．鶏の砂肝とレバーは厚めにスライスする。万能ネギは3cm幅の斜め切りにする。
2．大根は皮をむいてすりおろし、ザルに入れて軽く水気を切っておく。
3．1の砂肝とレバーをゆで、火が通ったらザルにあけて水気を切り(a)、熱いうちにAで下味をつけ、粗熱を取る。
4．ボウルに2の大根おろしとBを合わせてたれを作る。
5．3に万能ネギを合わせて4のたれで和え、器に盛る。

> **ポイント**
> 砂肝とレバーは厚めに切ることで食感がよくなる。ゆですぎると固くなるので注意する。

鶏もも肉の香味煮のせご飯

子持ちししゃもの油淋ソース漬け

ピータン豆腐

ザーサイときゅうりの和え物

牛しゃぶしゃぶ肉の
ガーリックソース

鶏もも肉の香味煮のせご飯

鶏肉の香味煮を作っておけば、すぐにでき上がり。締めのご飯にどうぞ。

材料 （2人分）

ご飯 … 200g
鶏モモ肉（皮つき）… 1/2 枚（120g）
トマト … 1/2 個
キュウリ … 1/2 本
A
　鶏ガラスープ … 大さじ 4
　醤油 … 大さじ 1
　上白糖 … 大さじ 1
　ナンプラー … 小さじ 1
　甘醤油（九州の刺身醤油）… 大さじ 1
　オイスターソース … 小さじ 1
　酢 … 小さじ 2

作り方

1. 鶏モモ肉は筋切りをして、沸騰した湯に入れてゆで、火を通す。
2. トマトはくし形に切り、キュウリは皮つきのまま斜めにスライスしてから、細切りにする。
3. 鍋にAを合わせて火にかけ、一度沸いたら火を止めて、1の鶏肉を入れて室温で冷まし、そのまま2〜3時間漬けておく。
4. 器にご飯を盛り、まわりにトマトを、上にキュウリをのせる。3の鶏肉を食べやすい大きさに切って上に盛りつけ、漬けだれを好みでかける。

子持ちししゃもの油淋ソース漬け

油淋ソースは、鶏のから揚げにかければ「油淋鶏」になります。

材料 （2人分）

シシャモ … 12 尾
ニンジン … 1/5 本（20g）
玉ネギ … 1/4 個（80g）
ピーマン … 1/2 個（30g）
A
　上白糖 … 大さじ 3
　酢 … 大さじ 4
　醤油 … 大さじ 3
　黒酢 … 大さじ 1
　鶏ガラスープ … 大さじ 2
　ゴマ油 … 小さじ 1
コーンスターチ … 適量
揚げ油（サラダ油）… 適量

作り方

1. ニンジン、玉ネギ、ピーマンはそれぞれ細切りにする。
2. 大きめのボウルにAを合わせてよく混ぜ、1の野菜を漬ける。
3. シシャモにコーンスターチをまぶして霧吹きで水を吹き、190℃ほどの高温に熱した油に入れてカリッと揚げ、取り出して2のボウルに入れる。ラップフィルムで密閉して15分ほど味を含ませたら、野菜と一緒に器に盛りつける。

ピータン豆腐

ピータンは白身を細かく切り、黄身をソースにします。ちょっとおもしろい仕立て方。

材料（2人分）

絹漉し豆腐 … 1/2丁（150g）
ピーマン … 1/2個
パプリカ（赤・黄）… 各1/3個
ピータン … 2個
A ┌ 酢 … 大さじ2
　├ 醤油 … 大さじ1
　├ 上白糖 … 小さじ1
　└ ゴマ油 … 小さじ1/2

作り方

1. ピーマンとパプリカは、1辺2cmほどのひし形に切る。フライパンでから煎りし、少し焦げて香ばしい香りがしてきたら、取り出して粗熱を取る。
2. 豆腐は手で大きめにちぎって温める程度にゆでて、水気をしっかり切る。
3. ピータンは白身と黄身とに分ける。白身は細かく刻み、黄身はボウルに入れて泡立て器などでつぶし、Aを加えてよく混ぜてソースにし、白身と合わせ、1と2を加えてよく和える。

ザーサイときゅうりの和え物

シンプルな素材と調味料の組み合わせですが、最高のおつまみです。

材料（2人分）

ザーサイ（味つき）… 120g
キュウリ … 1本
長ネギ（細め）… 1本
A ┌ 上白糖 … 小さじ1/3
　├ 塩 … 1つまみ
　├ ゴマ油 … 小さじ1
　└ 煎りゴマ（白）… 小さじ1

作り方

1. ザーサイ、キュウリ、長ネギはそれぞれ細切りにする。キュウリは少量の塩（分量外）で塩もみし、水気を切る。
2. 1を合わせてAを加えて味つけし、器に盛る。

牛しゃぶしゃぶ肉のガーリックソース

野菜を牛肉で巻いてたれをかけて、ちょっとおもてなし風の盛りつけです。

材料（2人分）

牛しゃぶしゃぶ用肉 … 4枚（120g）
玉ネギ … 1/4個
赤玉ネギ … 1/4個
ルーコラ … 適量
A ┌ 甘醤油（九州の刺身醤油）… 大さじ1
　├ おろしニンニク … 小さじ1/2
　├ 上白糖 … 小さじ1/3
　└ 酢、ラー油 … 各小さじ1/4

作り方

1. 玉ネギと赤玉ネギは薄くスライスして水にさらし、水気を切っておく。
2. ボウルにAを合わせておく。
3. 牛肉をさっとゆで、火が通ったら取り出して水気を取る。1の2種の玉ネギとルーコラをのせて巻き、食べやすい大きさに切って器に盛る。2のたれをかける。

デザート

ご家庭でも簡単に作れる4品をご紹介します。どれもさっぱりとした甘みで、食後にぴったりです。

なめらか杏仁豆腐

甘さ控えめ粒々小豆ようかん

もちもちクリーム大福　　　　　　　　　ひんやりバナナ豆腐

なめらか杏仁豆腐

一番人気の中華デザート。エバミルクにコンデンスミルクを加えてクリーミィに。

材料 （8個分）

粉ゼラチン … 10g
上白糖 … 45g
A ┌ エバミルク（なければ牛乳でもよい）
  │   … 1缶（411g入り）
  │ アーモンドエッセンス … 小さじ1/3
  └ コンデンスミルク … 5g
シロップ
  ┌ 水 … 400cc
  └ 上白糖 … 40g
クコの実（水に浸けて戻す）… 適量

作り方

1. 粉ゼラチンを、40ccの水でしっかりふやかす。
2. 鍋に260ccの水を入れて火にかける。沸いたら火からおろし、上白糖45gと1のゼラチンを入れて溶かす。
3. 2を漉しながらボウルに移し、粗熱を取る。冷めたらAを加えて器に流し入れ、冷蔵庫で冷やし固める。
4. 鍋にシロップ用の水を入れて火にかける。沸いたら火を止めて上白糖を入れて溶かし、鍋を氷水に当てて冷ます。
5. 固まった3の杏仁豆腐に、4のシロップを張って、戻したクコの実を飾る。

甘さ控えめ粒々小豆ようかん

家庭でも作れる、簡単なようかんのレシピです。
ジャムの種類を変えれば、さまざまな味のものが作れます。

材料 （4人分）

A（でき上がり約300g）
  ┌ アズキ … 60g
  │ 上白糖 … 50g
  │ キンモクセイのジャム（なければ
  └   他のジャムでもよい）… 小さじ1½
こしあん … 250g
棒寒天 … 5g

作り方

1. Aのアズキを水に浸して、常温で一晩おく。
2. バットに1のアズキを広げ、アズキが浸るだけの水を入れ、セイロ（蒸し器）で30分ほど蒸してやわらかくする（固ければ水を少し足し、蒸し時間を追加する）。
3. 2をザルにあけて水気を切り、鍋に移して上白糖とキンモクセイのジャムを加え、水気を飛ばすようにヘラで混ぜながら煮詰める。
4. 鍋をあおるとひと塊になって返るくらいになれば、あんのでき上がり。
5. ようかんを作る。棒寒天と水100ccを合わせてセイロで30分蒸して溶かす。
6. こしあんに、水150ccを少しずつ加えながら、やわらかい状態にする。
7. 6に5を加えてよく混ぜ、更に4のあん200gを加えて混ぜる。
8. ラップフィルムを敷いたバットに7を流し、冷蔵庫で冷やし固める。適宜に切り分けて器に盛る。

もちもちクリーム大福

電子レンジで作れる簡単大福です。

材料 （4人分）

A ┌ 白玉粉 … 100g
　├ 上白糖 … 大さじ1
　└ 水 … 150cc
B ┌ 生クリーム … 100cc
　└ 上白糖 … 大さじ2
フルーツカクテル（市販の缶詰。
　生のフルーツでも可）… 適量

作り方

1. どんぶりなどにAを合わせて電子レンジに30秒かけ、取り出して混ぜる。これを2〜3回繰り返し、全体がもち状になり、粉っぽさがなくなればよい。
2. Bの生クリームに上白糖を加えて泡立てる（しっかりと角が立つ十分立て）。フルーツカクテルは小さめに切る。
3. 片栗粉（分量外）で打ち粉をして1の生地を4〜6等分にし、直径10cmほどにのばす（くっつきやすいので、麺棒を使うときは麺棒にも打ち粉をする）。
4. 3に2のホイップクリームとフルーツカクテルをのせて包むようにして閉じ、閉じ目を下にして器に盛る。粉糖とミント（各分量外）で飾る。

ひんやりバナナ豆腐

固いバナナでも、熟したバナナでも作れます。パイナップル、マンゴー、パッションフルーツなどをピューレにして、ソースとしてかけてもおいしいです。

材料 （4人分）

バナナ … 4本
A ┌ グラニュー糖 … 100g
　└ 水 … 50cc
卵 … 1個
卵黄 … 1個
レモン果汁 … 1/2個分
生クリーム … 100cc
B ┌ ヨーグルト（プレーン）… 100g
　└ グラニュー糖 … 大さじ2

作り方

1. バナナは作る前日に皮つきのまま冷凍庫に入れて、しっかり凍らせておき、当日に冷蔵庫で解凍する（変色防止のため）。
2. 鍋にAを合わせて沸騰させ、シロップを作る。
3. ボウルに卵と卵黄を合わせてよく混ぜる。熱い2のシロップを少しずつ加えながら白っぽくなるまで混ぜる。
4. 解凍したバナナの皮をむいて半量をミキサーに入れ、レモン果汁を絞り、かくはんしてピューレ状にする。残りのバナナは小さめの角切りにし、ピューレと合わせる。
5. 生クリームは八分立てにする。
6. 3を4と合わせ、5を加えて混ぜ合わせ、バットなどの型に流して冷凍庫で冷やし固める。
7. Bを合わせてソースを作る。6を食べやすい大きさに切って器に盛り、ソースをかける。

菰田欣也
（こもだ きんや）

1968年東京生まれ。大阪あべの辻調理師専門学校へ入学。授業にて陳建一氏と出会う。1988年赤坂四川飯店へ入社。陳氏の元で修業を始める。2001年、セルリアンタワー東急ホテル内のスーツァンレストラン陳渋谷店の料理長に就任。2004年第5回中国料理世界大会へ出場。個人熱菜部門において、日本人初の金賞を受賞。2008年スーツァンレストラン陳、四川飯店グループ総料理長に就任。2012年四川飯店グループ取締役総料理長就任。2017年に独立し、東京・五反田の「ファイヤーホール4000」（火鍋専門店）のオーナーを務める。2018年、麻布十番店をオープン。同年、南青山に中国料理レストラン「4000チャイニーズレストラン」をオープン。イベントや料理番組等にも多く出演し、幅広く活躍している。著書に『菰田欣也のカンタン・チャイニーズ』（扶桑社刊）、『使える魚介レシピ』『使える牛肉レシピ』（いずれも共著。柴田書店刊）がある。

【 4000 Chinese Restaurant ー南青山ー 】
（4000 チャイニーズレストランミナミアオヤマ）

東京都港区南青山7-10-10 パークアクシス南青山7丁目
TEL　03-6427-9594

菰田欣也の
中華料理名人になれる本

初版発行	2014年4月15日
5版発行	2021年9月15日

著者Ⓒ　菰田欣也（こもだ きんや）

発行者　丸山兼一

発行所　株式会社柴田書店
　　　　東京都文京区湯島3-26-9　イヤサカビル　〒113-8477
　　　　電話　営業部　　03-5816-8282（注文・問合せ）
　　　　　　　書籍編集部　03-5816-8260
　　　　URL　https://www.shibatashoten.co.jp

印刷・製本　図書印刷株式会社

本書掲載内容の無断掲載・複写（コピー）・引用・データ配信等の行為は固く禁じます。
乱丁・落丁本はお取替えいたします。

ISBN978-4-388-06184-6
Printed in Japan